Książka pt. „Jak stać się realistą" napisana jest na podstawie wykładu wygłoszonego przez Andrzeja Moszczyńskiego.

Andrzej Moszczyński jest autorem 23 książek, 34 wykładów oraz 3 kursów. Pasjonuje go zdobywanie wiedzy z obszaru psychologii osobowości i psychologii pozytywnej.

Ponad 700 razy wystąpił jako prelegent podczas seminariów, konferencji czy kongresów mających charakter społeczny i charytatywny.

Regularnie się dokształca i korzysta ze szkoleń takich organizacji edukacyjnych jak: Harvard Business Review, Ernst & Young, Gallup Institute, PwC.

Jego zainteresowania obejmują następujące tematy: potencjał człowieka, poczucie własnej wartości, szczęście, kluczowe cechy osobowości, w tym między innymi odwaga, wytrwałość, wnikliwość, entuzjazm, wiara w siebie, realizm. Obszar jego zainteresowań stanowią również umiejętności wspierające bycie zadowolonym człowiekiem, między innymi: uczenie się, wyznaczanie celów, planowanie, asertywność, podejmowanie decyzji, inicjatywa, priorytety. Zajmuje się też czynnikami wpływającymi na dobre relacje między ludźmi (należą do nich np. miłość, motywacja, pozytywna postawa, wewnętrzny spokój, zaufanie, mądrość).

Od ponad 30 lat jest przedsiębiorcą. W latach dziewięćdziesiątych był przez dziesięć lat prezesem spółki działającej w branży reklamowej i obejmującej zasięgiem cały kraj. Od 2005 r. do 2015 r. był prezesem spółki inwestycyjnej, która komercjalizowała biurowce, hotele, osiedla mieszkaniowe, galerie handlowe.

W latach 2009-2018 był akcjonariuszem strategicznym oraz przewodniczącym rady nadzorczej fabryki urządzeń okrętowych Expom SA. W 2014 r. utworzył w USA spółkę wydawniczą. Od 2019 r. skupia się przede wszystkim na jej rozwoju.

www.andrewmoszczynski.com

Każdy z nas jest niepowtarzalny i wyjątkowy. Wszyscy rodzimy się z naturalną ciekawością świata, pragnieniem odkrywania, poznawania i tworzenia. Jak to się dzieje, że ta wyjątkowość, kreatywność, radość i swoboda ekspresji zatracają się gdzieś podczas dorastania i przypadającej na ten czas edukacji szkolnej? Czy powszechne systemy edukacji oparte na oświeceniowym przekonaniu, że wszyscy przychodzimy na świat jako „czysta tablica", którą można dowolnie zapisać, wspierają nasz rozwój i rozwijają nasze zdolności, czy jest wręcz przeciwnie? Czy szkoła, próbująca nas ukształtować według narzuconego przez system modelu i starająca się nas wpasować w ramy społecznych oczekiwań, na pewno jest warunkiem odniesienia sukcesu i spełnionego życia? Nie potwierdzają tego przykłady ludzi, którzy zdołali się wyłamać z tego systemu i pójść własną drogą. To samoucy – ci, którzy mimo braku formalnego, systemowego wykształcenia odnoszą sukcesy w przeróżnych dziedzinach i branżach, tworząc, wynajdując, unowocześniając, a często wręcz rewolucjonizując życie swoje i współczesnych im ludzi, czyniąc je lepszym i łatwiejszym.

Książka Sukcesy samouków – Królowie wielkiego biznesu, zawiera pięćdziesiąt biogramów nieprzeciętnych ludzi – przedsiębiorców samouków, którzy często wbrew ciężkim warunkom, biedzie i brakowi szkolnej edukacji odnieśli w życiu wielkie sukcesy, w sposób zasadniczy wpływając na świat, jaki znamy. Niech będą one dla Ciebie dowodem na to, że spełnione życie i sukces zależą przede wszystkim od pracy i samodzielnego rozwoju, a nie od formalnego wykształcenia.

Szczegóły dostępne na stronie: www.andrewmoszczynski.com

Jak stać się realistą

Zespół autorski:
Andrew Moszczynski Institute LLC

Redaktor prowadzący:
Alicja Kaszyńska

Zastępca redaktora prowadzącego:
Dorota Śrutowska

Redakcja:
Ewa Ossowska, Anna Skrobiszewska

Korekta:
Dorota Śrutowska

Konsultacja merytoryczna:
dr. Zofia Migus

Projekt graficzny:
Sowa Druk

ISBN: 978-83-65873-62-0

Wszelkie prawa zastrzeżone

Copyright © Andrew Moszczynski Institute LLC 2020

Andrew Moszczynski Institute LLC
1521 Concord Pike STE 303
Wilmington, DE 19803, USA
www.andrewmoszczynski.com

Licencja na Polskę:
Andrew Moszczynski Group sp. z.o.o.
ul. Grunwaldzka 472, 80-309 Gdańsk
www.andrewmoszczynskigroup.com

Licencję wyłączną na Polskę ma Andrew Moszczynski Group sp. z.o.o.
Objęta jest nią cała działalność wydawnicza i szkoleniowa Andrew
Moszczynski Institute. Bez pisemnego zezwolenia Andrew Moszczynski
Group sp. z.o.o. zabrania się kopiowania i rozpowszechniania w jakiejkolwiek
formie tekstów, elementów graficznych,
materiałów szkoleniowych oraz autorskich pomysłów sygnowanych znakiem
firmowym AMI.

REKOMENDACJE

Piotr Borowiec

Jak żyć? To proste pytanie. A jednocześnie niezwykle otwarte. Trudno więc znaleźć odpowiedź, która prostotą i obszernością mogłaby mu dorównać. Bo *nie istnieje uniwersalny przepis na życie czy recepta na szczęście*. Na szczęście! Bo dzięki temu jest do czego w życiu dążyć. Więc człowiek docieka - gdyż jest to wpisane w jego naturę. I szuka – odpowiedzi czy metody. A, czasem, i nie szukając – natrafia… I nawet jeśli nie jest to odpowiedź wprost – tylko rodzaj podpowiedzi – to czemu nie skorzystać?

Na naprowadzające podpowiedzi i przykłady natknąłem się przy okazji nagrywania kolekcji audio-wykładów AMI. Poruszane w nich wątki dotyczą wnikliwości, wytrwałości, wiary w siebie, entuzjazmu, odwagi czy tego jak starać się być realistą. W trakcie nagrań w wielu miejscach utożsamiałem się z przedstawianymi treściami, a ich przekaz był dla mnie klarowny, interesujący i inspirujący. Sądzę, *że dla wielu osób wykłady te mogą być bardzo pomocnym narzędziem w próbie skonfrontowania się z samym sobą.*

A na pewno są ciekawym materiałem do przemyśleń w kontekście pytania: „Jak żyć?"

P.S. Przypomniały mi się słowa jednej z piosenek Wojciecha Młynarskiego, które – w swej lapidarności i trafności - przybliżają się do postawionego na początku pytania jako odpowiedź niemal idealna: „Do przodu żyj!" :)

Olgierd Łukaszewicz

Sam dość wcześnie wiedziałem, czego chcę, i dążyłem do osiągnięcia moich celów. Jednak dopiero w wieku dojrzałym zacząłem wnikliwej się sobie przyglądać i smakować życie. Cieszę się każdą jego chwilą. Chciałbym, by zawsze przynosiło mi ono satysfakcję.

Ludzie, zarówno młodzi, jak i ci starsi, dzięki tym wykładom – przystępnym i jasnym – mogą zdobyć wiedzę, która pozwoli im iść przez życie aktywnie i twórczo, czyli odczuwać jego pełnię. Te wykłady pokazują, że istotą pozytywnej zmiany, tak upragnionej przez nas, nie jest bierne oczekiwanie na zrządzenie losu, a świadomy rozwój i konsekwentne budowanie własnej dojrzałości. Uczą też, jak praktycznie wzmacniać wiarę w siebie, wnikliwość, wytrwałość, odwagę, entuzjazm i realizm – kluczowe cechy, które rzeczywiście pomagają spełniać marzenia i realizować najbardziej ambitne plany. Warto z tego skorzystać.

dr Zofia Migus

Patrząc na kolekcję wykładów przygotowaną przez Instytut i znając już ciekawą tematykę całości, zwróciłam uwagę na dwa aspekty. Przede wszystkim unikatowa forma przekazu treści. Większości z nas wyraz wykład kojarzy się ze statycznym, jednostronnym przekazem informacji. Uczeń, student, słuchacz siedział, a nauczyciel przekazywał treści dydaktyczne bardziej lub mniej interesująco. Jednak twórcy kolekcji odeszli od tego schematu. Wykłady zostały skonstruowane w inny sposób, dużo bardziej nowoczesny, chociaż nawiązujący do sokratejskich metod nauczania. Każdy z nich zawiera wiele pytań skierowanych do słuchacza, aby mógł już podczas czytania zatrzymać się i przemyśleć usłyszane treści. Wsparciem tego procesu są unikatowe ćwiczenia, które inspirują do formułowania własnych sądów i do tworzenia własnego punktu widzenia. To ogromna pomoc, a jednocześnie spełnienie zasady stosowania praktycznego działania w procesie poznawczym.

Drugi aspekt to przydatność publikacji. Moją uwagę zwróciło połączenie różnych kręgów odbiorców, zwłaszcza odbiorcy indywidualnego (w różnym wieku) z biznesowym. Autorzy wykładów wychodzą bowiem z nadzwyczaj słusznego, niestety nie zawsze docenianego założenia, że *na sukces firmy w głównej mierze składa się powodzenie każdego pojedynczego człowieka, który w niej pracuje.* Niezależnie od tego, jakie stanowisko zajmuje. W związku z tym dbałość o samopoczucie pracownika i jego życiową satysfakcję powinna stać się ważnym zadaniem dla zarządów firm i gremiów kierowniczych. Wykłady, które podejmują wiele ważkich tematów z dziedziny rozwoju osobistego mogą stać się istotną pomocą w realizacji tego zadania. Tym samym mogą przyczynić się do *wzmocnienia identyfikowania się z firmą, wzrostu motywacji, kreatywności, a także tolerancji na zmieniające się środowisko pracy.* Pomoże to w osłabieniu lub nawet eliminacji tak niekorzystnych zjawisk jak nadmierna absencja, fluktuacja kadr czy wypalenie zawodowe.

Jako filozof, nauczyciel i doradca biznesowy *polecam więc te kolekcję zarówno ludziom,*

pragnącym zmienić swoje życie prywatne, jak i firmom, których zamiarem jest stworzenie organizacji na miarę XXI wieku, efektywnej i satysfakcjonującej właścicieli oraz pracowników.

Grażyna Wolszczak

Wielką przyjemnością było dla mnie nagrywanie tych wykładów, bo ich tezy w dużym stopniu odzwierciedlają moje poglądy. *Jestem przekonana, że życie powinno przynosi satysfakcję, że trzeba myśleć pozytywnie, że każdy z nas potrzebuje wiary w siebie i innych kluczowych cech umożliwiających urzeczywistnienie własnych marzeń.* Wydaje się, że właściwie wszyscy dobrze o tym wiemy, ale czy na pewno? A jeśli nawet, to czy stosujemy tę wiedzę w praktyce?... Czy jesteśmy wystarczająco wnikliwi, żeby dostrzegać szanse, które życie nam stwarza?... Czy mamy w sobie dosyć wytrwałości, by zrealizować plany?... Czy odważnie wykorzystujemy swoje talenty i uzdolnienia?... Czy entuzjastycznie podchodzimy do zadań?... Czy jest w nas pozytywny realizm, który pozwala śmiało patrzeć w przyszłość i nie popadać w narzekanie?...

Niewiele osób na te wszystkie pytania odpowie „tak", mimo że *każdy chciałby mieć życie ekscytujące, przynoszące radość i dające poczucie spełnienia. Wierzę, że te wykłady mogą*

pomóc to osiągnąć, zwłaszcza tym, którzy po raz pierwszy zetkną się z literaturą z tej dziedziny. Zawierają cenne wskazówki i dużą dawkę praktycznej wiedzy o możliwościach rozwoju osobistego. Ta wiedza przekonuje, bo jest oparta na doświadczeniu ludzi, którzy potrafili zdobyć naprawdę wiele. Analiza ich postaw może stanowić prawdziwą zachętę do rozpoczęcia zmian we własnym życiu.

Jestem urodzoną optymistką. Moja szklanka jest zawsze do połowy pełna. Mimo różnych zawirowań życiowych wierzę, że jeśli człowiek jest zadowolony z życia, jeśli lubi siebie i innych, potrafi wyjść obronną ręką z każdej sytuacji, nawet bardzo trudnej. Cieszę się, że mogłam brać udział w realizacji tak inspirujących wykładów.

Spis treści

Jak stać się realistą 23
Część utrwalająca 81
Słowniczek 117
Źródła i inspiracje 125

Jak stać się realistą

Narrator
Czym jest realizm?... W jaki sposób się objawia i jakie przynosi efekty? Wydaje się, że każdy z nas to wie, ale czy rzeczywiście? Wyraz „realny" w ustach wielu ludzi brzmi niemal jak synonim słowa „pesymistyczny". Czy takie rozumienie niesie nadzieję, czy – przeciwnie – skutecznie zniechęca do jakichkolwiek działań? Czy pomoże spełnić marzenia? Raczej nie.

Zapewne wiele razy słyszeliśmy któreś z następujących sformułowań: „Spójrzmy na to realnie, w tym roku nie będzie szans na zwiększenie sprzedaży...", „Realnie rzecz biorąc, nie uda się domknąć budżetu...", „Bądź realistą, nie porywaj się z motyką na słońce...". Z podobnie brzmiącymi ocenami można się spotkać w każdej sferze życia: zawodowej, rodzinnej lub osobistej. Czy nie są pełne pesymizmu?... Jakie mogą być ich skutki?... Na ogół, gdy ktoś mówi, że mamy spojrzeć na coś realnie, stara się przekazać nam swój brak wiary w możliwość osiągnięcia celu, zasugerować konieczność porzucenia ambitnych zamierzeń. Przy takim pojmowaniu słowa realizm „plan realistyczny" będzie niezmiennie oznaczał plan minimum. Marzenie, które co prawda zostało przekute w cel, ale zaraz potem okrojone tak, że niewiele z niego zostało.

Tworząc tak rozumiany „plan realistyczny", skupiamy się na zagrożeniach, a bagatelizujemy plusy przedsięwzięcia. Nabieramy przekonania, że ambitne (w domyśle: zbyt ambitne) plany nie są dla nas, że powinniśmy z nich rezygnować. W ten sposób zaprzepaszczamy wiele szans. Kto wie, czy nie tyle samo, co przez beztroskie, nazbyt optymistyczne spojrzenie na własne dążenia.

Jeśli zauważyłeś, że masz skłonność do rozumienia realizmu jako konieczności rezygnacji z ambitnych dążeń, spróbuj to zmienić. Jak? Na początek warto sobie odpowiedzieć na kilka pytań: „Dokąd sięgają granice ludzkich możliwości?...", „Czy realista może być wizjonerem?...". Albo odwrotnie: „Czy wizjoner może być realistą?...", „Czy realizm pomaga w wytyczaniu celów i czy rzeczywiście poprawia jakość życia?", „Czy realizm może być skutecznym sposobem na spełnianie marzeń?...".

Przeanalizuj rzeczywiste znaczenie pojęcia „realizm". Przyjrzyj się ludziom, którzy mieli – wydawałoby się – „nierealne" marzenia, ale w całkiem realny sposób potrafili je spełnić. Być może ich historie staną się dla Ciebie inspiracją, impulsem do działania. Być może zrozumiesz, że realizm, właściwie pojęty, daje nadzieję, pomaga przezwyciężać trudności i pozwala rozwinąć skrzydła.

Prelegent
Zanim zdefiniujemy pojęcie realizmu, przyjmijmy istotne założenie, że realizm jest sposobem na spełnianie marzeń. Może teraz trudno Ci w to uwierzyć, bo w Twoim umyśle tkwi głęboko zakorzenione przekonanie, że realizm skłania raczej do rezygnacji z pragnień niż do ich urzeczywistniania. Kojarzymy go z uświadamianiem sobie ograniczeń, zahamowań i trudności, aby... stworzyć z nich barierę nie do przekroczenia. Na tej podstawie formułujemy wniosek: „Tego nie da się zrobić". Czy słusznie? Czy konkluzja nie powinna być inna? Czy nie lepiej

wykorzystywać realistyczne myślenie do pokonywania barier i szukania dróg, które prowadzą do osiągnięcia celu?

Kto z Was, chcąc zbudować wieżę, nie usiądzie wpierw i nie obliczy wydatków, czy ma na jej wykończenie. EWANGELIA WEDŁUG ŁUKASZA (14:28)

Co w rzeczywistości kryje się pod pojęciem „realizm"? Definicje słownikowe podają, że realizm to postawa życiowa polegająca na trzeźwej i bezstronnej ocenie rzeczywistości, pozwalająca na wybór skutecznych środków działania. A także umiejętność dokonania takiej oceny w oparciu o doświadczenie, wiedzę i analizę faktów. Realista ma świadomość istnienia trudności. Mimo to nie boi się nowych wyzwań i precyzyjnie realizuje plany, by uczynić swoje życie fascynującym i pełnym barw. Realista potrafi właściwie ocenić możliwość – czyli realność – wykonania lub urzeczywistnienia czegoś.

Czy w tym rozumieniu jesteś realistą? Zastanów się. Przypomnij sobie, jak dokonujesz oceny sytuacji, gdy obierasz jakiś cel. Czy Twój zamysł lub projekt jest wyraźny? Czy potrafisz wyobrazić sobie końcowy efekt, czy też przesłaniają go piętrzące się przeszkody? A może przeciwnie: zdajesz sobie sprawę z trudności, ale wychodzisz z założenia, że na razie dzieli Cię od nich tak duża odległość czasowa, że nie ma sensu zaprzątać sobie nimi głowy. Czy w ocenie zdarzeń, sytuacji i możliwości częściej bierzesz pod uwagę zagrożenia, czy szanse?

Można wyróżnić trzy podejścia do marzeń i celów: realizm pesymistyczny, realizm „bujający w obłokach" oraz realizm optymistyczny. W każdym z tych trzech przypadków osoba patrząca w przyszłość uważa, że dokonana przez nią ocena rzeczywistości jest doskonała. Czy faktycznie? Przyjrzyjmy się temu bliżej.

Realizm pesymistyczny cechuje przesadne piętrzenie trudności na drodze do celu. W rezultacie wydaje się on zbyt odległy, by można było go osiągnąć. Stąd tylko krok do rezygnacji. Jedynie mały procent ludzi, stając przed problemem, wytrwale szuka odpowiedzi na pytanie: „Jak go rozwiązać?". Wiele osób nie podejmuje walki z przeciwnościami, tylko od razu się poddaje i z góry skazuje na przegraną. Stwierdzają autorytatywnie: „Rozwiązanie nie istnieje". Nadużywają tego pseudoargumentu i powtarzają go tak często, aż stanie się zgubnym nawykiem. Gdzie tu obiektywizm, gdzie trzeźwe spojrzenie? Gdzie… no, właśnie… realizm?

Do fałszywych wniosków prowadzi też realizm „bujający w obłokach", który polega na odsuwaniu od siebie wszelkich myśli o potencjalnych zagrożeniach. Ruszamy beztrosko do działania, jakbyśmy mieli pewność, że ktoś nam wyczyścił i wyrównał drogę. Efekt? Nie dochodzimy tam, dokąd zmierzaliśmy, bo niedostrzeganie przeszkód nie oznacza, że ich nie ma. Po prostu zauważamy je zbyt późno. Zmusza nas to do rezygnacji z planów lub ich zmiany, z czym zazwyczaj łączą się znaczne koszty, materialne bądź emocjonalne. W relacjach biznesowych przejawem takiej postawy jest bagatelizowanie różnych faktów, na przykład braku kwalifikacji i umiejętności przy jednoczesnej niechęci do ich zdobycia. W rezultacie dążenie do celu kończy się niepowodzeniem mimo wiary w sukces.

Między tymi dwoma spojrzeniami na przyszłość i cel jest jeszcze jedno. Realizm optymistyczny, a jednocześnie optymalny. Na czym polega? Osoba, która się nim kieruje, wierzy nieprzerwanie w osiągnięcie celu, ale zdaje sobie sprawę, że napotka trudności. Jest na nie przygotowana. Dzięki temu w odpowiednim czasie może zdecydować, jak pokonać kolejną przeszkodę. Zmierzyć się z nią, czy ominąć? Warto stosować w życiu realizm optymistyczny. Dzięki niemu będziemy umieli właściwie ocenić szanse realizacji marzeń i nie zrezygnujemy z tych najpiękniejszych, najbardziej ambitnych i dających nadzieję na największą satysfakcję.

Pesymista szuka przeciwności w każdej okazji. Optymista widzi okazję w każdej przeciwności. WINSTON CHURCHILL

Narrator
Podejście realistyczne, nacechowane mądrym optymizmem, pozwala postępować skutecznie w każdej sferze życia. Sprzyja mu nieustanny rozwój techniki i szeroki dostęp do informacji. Dziś nie możemy się tłumaczyć, że czegoś nie zrobimy, bo brakuje nam wiedzy. Możliwości kształcenia są przecież ogromne. Nikt z nas nie

poznał w szkole wszystkich dokonań ludzkości. Nie jest to zresztą potrzebne. Istotne, byśmy dotarli do tej części zasobów dorobku cywilizacyjnego, która pozwoli nam spełniać marzenia. Nie bójmy się marzeń! Zrodzone z nich i zrealizowane później cele dadzą nam poczucie niezwykłej satysfakcji.

Czy każde marzenie może stać się rzeczywistością? Czy zawsze warto dążyć w kierunku jego urzeczywistnienia? Jak rozpoznać wśród swoich marzeń te warte realizacji, nawet jeśli wydają się nieprawdopodobne? Kiedy zaś uznać, że marzenie jest tylko mrzonką, przynajmniej w obecnym punkcie naszego życia? Czyli: jak stwierdzić, co jest realne, a co nie? Jak ocenić, co możemy zrobić, a co przekracza nasze możliwości?

Prelegent
Aby to zobrazować, posłużmy się historią lotnictwa. Ktoś kiedyś zainicjował rozwój tej dziedziny. Ktoś spojrzał na ptaki i zamarzył, by latać podobnie jak one. Dowody tych marzeń odnajdziemy w dawnych mitach, na przykład o Ikarze i jego ojcu Dedalu. Naukowo do możliwości wzniesienia się człowieka w powietrze

podszedł geniusz wszech czasów Leonardo da Vinci. Skonstruował machiny latające dla potrzeb scenografii teatru na dworze Medyceuszy. Jego dziełem był także projekt skrzydłowca, który miał latać dzięki ruchom skrzydeł. Dlaczego Leonardo go nie wypróbował? Był realistą! Po wielu badaniach zdał sobie sprawę, że człowiek jest zbyt słaby, by utrzymać się w powietrzu. Marzenie Leonarda stało się możliwe do zrealizowania dopiero po wynalezieniu silnika, który zastąpił siłę mięśni człowieka.

Współczesne lotnictwo silnikowe rozpoczęło się od osiągnięcia braci Wright. W 1903 roku przeprowadzili oni pierwszą udaną próbę lotu samolotem własnej konstrukcji. Przełamali tym wyczynem przekonanie, że maszyna cięższa od powietrza nie może wzbić się w górę. Co wiemy o braciach Wright? Skąd wzięły się ich zainteresowania?

Ciekawość naukową zaszczepili w nich rodzice. Ojciec był redaktorem gazety, a matka – córką konstruktora. Oboje wszechstronnie uzdolnieni, kreatywni i ciekawi świata swoje podejście do życia przekazali synom. Wyposażyli ich w wiedzę, nauczyli niezależnego myślenia i nieszablonowego rozwiązywania problemów. Zachęcali do rozwijania pasji i do wnikliwości. Bracia Wright wykorzystali te wskazówki. Stawiali sobie śmiałe cele i je realizowali. Każdą trudność starali się pokonywać w jak najbardziej wydajny sposób. Szukali potrzebnej wiedzy i sprzymierzeńców. Odwaga, kreatywność, konsekwencja, a przede wszystkim realizm myślenia sprawiły, że zostali pionierami lotnictwa.

Ich śladem podążyli inni wizjonerzy, którzy przekraczali kolejne granice prędkości i wysokości. Wreszcie mogli wyruszyć na podbój kosmosu. Oznacza to, że obecnie istniejące granice też mogą być pokonywane. Proces rozwoju i udoskonalania świata trwa nieustannie. Co dziś wydaje się niemożliwe, jutro będzie osiągalne, a pojutrze zupełnie zwyczajne. Z każdym dokonaniem przesuwa się horyzont możliwości. Mitologiczny Ikar nie miał do niego dalej niż bracia Wright albo konstruktorzy pierwszej rakiety kosmicznej. Możliwości człowieka nie będą mniejsze, nawet gdy spełnią się marzenia ludzkości o podróżach do odległych galaktyk. Po każdym nowym odkryciu i wynalazku otwiera się nowe pole do działania. Równie duże jak to, które mieli nasi wielcy poprzednicy.

Narrator
Jeśli zechcesz, możesz włączyć się w trwający od wieków postęp ludzkości. Zdobywanie niezagospodarowanych obszarów jest możliwe. Proces rozwoju i udoskonalania świata to „niekończąca się opowieść". Pamiętaj jednak, że najważniejsze odkrycia i wynalazki ludzkości nie miałyby szans realizacji bez wizjonerstwa. Czym jest wizjonerstwo? To nic innego jak dalekowzroczność i planowanie przyszłości.

Przyjrzyj się uważnie swojej wizji życia. Skoncentruj się na dostrzeżeniu tego, co chciałbyś po sobie pozostawić potomnym. Ustal, jakimi wartościami się kierujesz. Co zamierzasz osiągnąć? Czy rzeczywiście dążysz do spełnienia swoich marzeń? Czy nie tracisz czasu na zajęcia, które oddalają Cię od celu? Czy zbyt często nie ulegasz słabościom? To istotne pytania. Tylko Ty możesz sobie szczerze na nie odpowiedzieć. Może w refleksji pomogą Ci słowa antropologa, biologa i polityka Johna Lubbocka:

"To, co widzimy, zależy głównie od tego, czego szukamy".

Dostrzeganie przesuwającego się horyzontu możliwości to zaledwie jeden z aspektów realizmu. Odgrywa on jednak decydującą rolę, gdyż wyraźnie pokazuje, że realizm nie ogranicza naszych działań, lecz je poszerza. Pozwala wytyczyć linię od punktu startowego do punktu wyznaczającego nasz cel. Wątpisz w to? Nie jesteś wyjątkiem. Wiele osób na myśl o przekraczaniu granic swoich możliwości czuje wewnętrzny niepokój, niepewność i zwątpienie. Powodów tych odczuć może być kilka. Jednym z ważniejszych są hamujące nawyki myślowe.

Prelegent

Czym są nawyki? To zautomatyzowane zachowania. Pozwalają nie skupiać się na codziennych czynnościach, lecz wykonywać je bez angażowania myślenia. W ten sposób myjemy się, odżywiamy, a także uczymy i pracujemy. To, jak wiemy, jest i dobre, i złe. Z jednej strony nawyki oszczędzają czas, z drugiej – powodują wpadanie w rutynę w dziedzinach, w których zdecydowanie bardziej przydałaby się kreatywność. Nawyki rządzą nie tylko naszym postępowaniem, lecz także myśleniem. Wiele z nich nabiera kształtu w dzieciństwie, kiedy poddaje się nas wychowaniu. Dziecko widzi świat w specyficzny sposób. Ponieważ dysponuje stosunkowo niedużym doświadczeniem, wierzy w krasnoludki i różne inne postacie z bajek. Przyjmuje za dobrą monetę niemal wszystko, co mówią dorośli. Ufa im także, gdy mówią: „To nie jest dobry pomysł", „Nikt tak nie robi", „Tego nie ma". Nic złego się nie dzieje, jeśli dzięki temu maluch zaczyna rozumieć, na czym polega fikcyjność bohaterów literackich. Gorzej, jeśli takie same sformułowania towarzyszą poznawaniu świata. Gdy trzy razy dziennie dziecko usłyszy: „Tak się nie da", „Tak nie można" bądź: „To nierealne", w ciągu roku to sformułowanie zabrzmi mu w uszach (i dotrze do umysłu) ponad 1000 razy, a w ciągu pierwszych kilkunastu lat życia nawet 20 tysięcy razy. To o wiele za dużo! Psychologia dostarcza mnóstwa dowodów na to, że wielokrotne słuchanie jakiegoś stwierdzenia może wpływać na zmianę myślenia i zmianę postawy. Powtarzanie dziecku krytycznych sformułowań może zatem prowadzić do wykształcenia w nim negatywnych nawyków myślowych. W efekcie każda nowość niejako automatycznie będzie uruchamiać w jego umyśle strach przed ryzykiem wynikający z przekonania: „Nic nie potrafię. Do niczego się nie nadaję". Ostateczną konsekwencją będzie sceptyczne nastawienie do wszelkich nowych przedsięwzięć. Dorośli wychowywani w ten sposób zakładają, że ich pomysły nie mają wartości. Zazwyczaj nie zdają sobie sprawy, że takie myślenie to nawyk, który utrwalają swoim postępowaniem.

> Obstawaj przy swoich ograniczeniach, a z pewnością staną się częścią Ciebie samego.
> RICHARD BACH

Tak oddziałuje na naszą osobowość potężna siła podświadomości. Spotyka nas bowiem wszystko, co znajdzie się w niej w postaci wyobrażeń i przekonań. Podświadomość nie analizuje faktów. Reaguje zgodnie z przyswojonymi wzorcami. Na ich podstawie wyciąga wnioski, które przyjmujemy, nawet jeśli są irracjonalne i nie znamy ich podłoża. Warto o tym pamiętać. Jeśli jesteśmy rodzicami lub nauczycielami, uważajmy, co mówimy do dzieci lub w ich obecności. Wpajanie negatywnych przekonań ma zgubny wpływ na przyszłość człowieka. Rodzi lęki i blokady psychiczne. Wyzwolenie się z nich wymaga potem dużej determinacji i wytężonej pracy.

W rozmowach z dziećmi i młodymi ludźmi używajmy więc jak najwięcej słów niosących przychylny, życzliwy przekaz. Pozytywne nawyki myślowe kształtują się na przykład poprzez celebrowanie osiągnięć, nawet niewielkich. Doceniajmy, gdy nasze dziecko poprawi klasówkę z dwójki na czwórkę i nie oczekujmy, by od razu otrzymało ocenę celującą. Takie drobne zwycięstwa budują poczucie własnej wartości. Utrwalajmy w dzieciach przekonanie, że trudności i potknięcia są naturalną częścią życia. Niech nabiorą pewności, że jeśli nawet wpadną w kłopoty, ich wartość jako ludzi się nie zmniejszy, bo wynika ona z samego faktu bycia człowiekiem. Już kilkulatkom pozwalajmy na samodzielne rozwiązywanie prostych problemów. To da im ogromną satysfakcję i wzmocni wiarę we własne możliwości.

Narrator

Informacja, że coś jest nierealne lub że czegoś nie da się zrobić, utrwala przekonanie o istnieniu całej masy przeszkód nie do przejścia. Jak taki negatywny przekaz wpływa na nasze postępowanie? Gdy staniemy przed wyzwaniem, w ciągu kilku sekund nasz umysł na bazie tego szkodliwego nawyku myślowego sformułuje ocenę: „To niemożliwe". I marzenie, pomysł, propozycja wylądują w koszu. Dalsze myślenie stanie się bezprzedmiotowe, zanim jeszcze nastąpi próba sprawdzenia, choćby teoretycznego, czy rzeczywiście idea nie miała szans realizacji.

„To niemożliwe" jest bardzo silnym demotywatorem. Z czasem staje się także wygodną wymówką, pozwalającą uciec od podejmowania trudnych wyzwań oraz od konfrontacji z przeciwnościami losu. Samemu jednak w tym zachowaniu trudno dostrzec destrukcyjny nawyk, a jeszcze trudniej uwierzyć, że można go zmienić.

Prelegent

Nawyki myślowe, zwłaszcza te nieuświadomione, mogą prowadzić do uproszczonej, a więc niepełnej oceny sytuacji, opartej na niewystarczającej liczbie danych. Uproszczenia generują wiele błędów, które wpływają na nasze decyzje. Jak przebiega proces uproszczonego myślenia? Szukając rozwiązania problemu, umysł kieruje się wcześniejszymi doświadczeniami i wybiera najprostszą drogę, wydawałoby się najbardziej logiczną. Tym samym odrzuca inne, nie tak oczywiste. Czy żadna z nich nie była lepsza? Tego nie wiemy… i być może już się nie dowiemy. Jeśli nawet rozwiązanie, które wybraliśmy, było zadowalające, nie będziemy mieli pewności, czy nie przeoczyliśmy genialnego.

Co w takim razie robić? Staraj się nie traktować wyborów jako alternatywy albo–albo. Naucz się łączyć pozornie wykluczające się pomysły i przeciwstawne hipotezy. Dzięki temu nie zamkniesz przed sobą żadnej z dróg prowadzących do rozwiązania. Wręcz przeciwnie, poznasz je wszystkie. Sprawdzisz, na ile są dla Ciebie przydatne i czy w jakiejś sytuacji będziesz mógł z nich skorzystać. Na tym właśnie polega myślenie realistyczne.

Nic nie dodaje odwagi bardziej niż niekwestionowana zdolność człowieka do podźwignięcia własnego życia poprzez świadome działanie.

HENRY DAVID THOREAU

Roger Martin, specjalista w dziedzinie zarządzania, w książce *Niepokorny umysł. Poznaj klucz do myślenia zintegrowanego* pokazał, jakie efekty przynosi łączenie koncepcji pozornie przeciwstawnych, kluczowe w realistycznym podejściu do problemów i wyzwań. Wskazał także osoby, które dzięki takiemu myśleniu osiągnęły niezwykłe sukcesy. Wśród nich znaleźli się między innymi Isadore Sharp, twórca sieci ekskluzywnych hoteli Four Seasons Hotels & Resorts Ltd., i Martha Graham uznawana za prekursorkę tańca współczesnego.

Isadore Sharp urodził się w Kanadzie jako dziecko polskich emigrantów pochodzenia żydowskiego. Doświadczenie w branży budowlanej i handlu nieruchomościami, które zdobył w niewielkiej firmie ojca, pozwoliło mu rozpocząć własną działalność. Wymarzył sobie inwestycje w hotelarstwie. Długo starał się o pozyskanie odpowiednich środków.

Wówczas stawiano hotele zgodnie z jednym z dwóch modeli: hotel mały, z rodzinną atmosferą, ale niezbyt dobrze wyposażony; lub hotel wielki, z salami konferencyjnymi, luksusowy, za to mało przyjazny, bezosobowy i zimny. Pierwsze hotele Sharp wybudował, stosując te zasady. Stawiając kolejny obiekt, w Londynie, postanowił jednak zrobić coś, czego nikt wcześniej nie wymyślił: połączyć najlepsze cechy jednego i drugiego modelu hoteli. Powstał obiekt średniej wielkości, luksusowy jak te wielkie i przyjazny jak te małe, w którym klienci mogli poczuć się jak w domu. Ponieważ oferta była wyjątkowa, Sharp mógł za swoje usługi zażądać wysokiej ceny. I ludzie chętnie ją płacili. Obiekty Four Seasons ustanowiły nowy wzorzec komfortu hotelowego.

Narrator
Myślenia realistycznego można się nauczyć. Zacznij od obserwacji własnych procesów myślowych. Otwórz się na nowości, na nieprawdopodobne propozycje, na szanse, które pojawiają się zazwyczaj tylko na chwilę. Niekoniecznie musisz z nich skorzystać, ale nic nie stoi na

przeszkodzie, byś za każdym razem wnikliwie je rozważył.

„Narodziny nowego poprzedza zazwyczaj jakieś banalne wydarzenie. Newton spostrzegł spadające jabłko, James Watt zaobserwował, jak woda kipi w kociołku, Roentgenowi zmętniała klisza fotograficzna. Ale wszyscy ci ludzie mieli wiedzę tak rozległą, że umieli z banalnych zdarzeń wyciągnąć rewelacyjne wnioski". Czy wiesz, czyje to słowa? Wypowiedział je Alexander Fleming. Myślę, że zgodzisz się z nimi. Wiele razy w codziennym życiu mamy do czynienia z zaskakującymi sytuacjami i zdarzeniami. Może któreś z nich mogłoby dać początek niezwykłemu odkryciu? Zapewne tak, gdybyśmy przez moment zapomnieli o rutynie codziennych obowiązków... Gdybyśmy potrafili uważnie przyglądać się rzeczywistości... Gdybyśmy dysponowali odpowiednio dużą wiedzą...

Prelegent
Byli tacy, którzy to potrafili. Najczęściej przywoływanym przykładem jest Albert Einstein i jego teoria względności. Można jednak w tym miejscu

przypomnieć także dokonania mniej znanego badacza Charlesa Babbage'a. Czy wiesz, że to on jest nazywany ojcem informatyki, chociaż żył na przełomie XVIII i XIX wieku, kiedy o komputerach nie było jeszcze mowy? Kim był nieco już zapomniany Charles Babbage? Z zainteresowań i wykształcenia był matematykiem, astronomem i mechanikiem. Swoją wiedzę starał się stosować praktycznie. A że żył w początkach rozwoju przemysłu, jego projekty dotyczyły organizacji fabryk. Wykorzystując ścisłość myślenia matematycznego, zobaczył pracę wytwórczą jako proces dający się podzielić na pojedyncze czynności. Uważał, że każdą z nich powinno się powierzyć innemu pracownikowi, co ułatwi i przyspieszy szkolenie załogi oraz usprawni produkcję. Później rozwinął tę zależność Henry Ford, twórca pierwszej taśmy montażowej.

W tym przypadku łączenie różnych dziedzin i posłużenie się zasadą realizmu pozwoliło rozwiązać narastający problem: „Jak zwiększyć wydajność, nie podnosząc kosztów produkcji". To był milowy krok w rozwoju wytwórczości. Dodać należy, że Babbage, który go zrobił, zaprojektował też między innymi maszynę analityczną do wykonywania ciągów zadanych jej instrukcji. Prawda, że brzmi znajomo? Tak otworzyła się droga do wynalezienia komputera.

Dzięki myśleniu realistycznemu swój cel osiągnął także Simon Stevin żyjący na przełomie XVI i XVII wieku. Był jednym z najbardziej uznanych matematyków holenderskich, a jednocześnie miał drugą pasję: wodę. Co mogło wyniknąć z połączenia wiedzy matematycznej z obserwacją żeglarzy?

> Dajcie mi odpowiednio długą dźwignię i wystarczająco mocną podporę, a sam jeden poruszę cały glob. ARCHIMEDES

Z dwóch pasji Stevina zrodził się w jego umyśle genialny pomysł pojazdu żaglowego wykorzystującego siłę wiatru, ale poruszającego się... po ziemi. Wynalazca przeprowadził mnóstwo prób, z czego wiele było nieudanych. Wreszcie jednak „samochodem" napędzanym wiatrem można było jeździć. Teraz należało znaleźć zastosowanie dla nowego pojazdu. Wehikuł kosztował bardzo dużo, a do tego podobnie jak żaglowce (i późniejsze samochody) wymagał przeszkolonej obsługi, sprawnie manewrującej żaglami, sterem i hamulcem, żeby jazda była bezpieczna, a żaglowóz jechał w dobrym kierunku. Stevin pokonał i tę przeszkodę. Znowu posiłkował się logiką i realistyczną analizą faktów. Pomyślał tak. Skoro dla pojedynczych osób posiadanie, konserwowanie i obsługa naziemnego żaglowca są zbyt kosztowne, może znajdą się podróżnicy gotowi zapłacić za przejazd (tak jak znajdowali się chętni do odbywania rejsów po morzu)? Stevin zlecił więc zbudowanie wozu żaglowego mieszczącego ponad 20 osób. Mało tego! Zbadał również, gdzie taki pojazd mógłby mieć największe powodzenie i zaczął przewozić ludzi między holenderskimi miejscowościami Scheveningen a Petten, odległymi o ponad 60 kilometrów. Czy tak zorganizowany transport publiczny mógł działać? Ktoś powie, że tylko wtedy, gdy wiał wiatr. A co, jeśli wiatru nie było? Czy wóz żaglowy bezużyteczny i pełen niezadowolonych ludzi stał w polu? Nie! Stevin i to przewidział. Na naziemnym statku znalazło się miejsce dla niedużego konia, by w razie flauty (jak w żargonie żeglarskim określa się brak wiatru) dociągnął wóz do celu. To także dowód na skuteczność myślenia realistycznego, które przewiduje przyszłe trudności lub pokonuje te, które pojawiają się podczas kolejnych etapów realizowania celu.

Jak wiele można zdziałać dzięki śmiałemu wytyczaniu nowych granic, optymizmowi i dobrze pojętemu realizmowi, pokazał też amerykański polityk i wynalazca Benjamin Franklin. Przyszedł na świat w ubogiej rodzinie jako dziesiąte z siedemnaściorga dzieci. Mając zaledwie 10 lat, musiał już pracować w rodzinnej firmie przy produkcji mydła i świec. Wielu ludzi wychowanych w takich warunkach staje się ofiarą myślenia pesymistycznego i nabiera szkodliwego przekonania, że w życiu nic nie osiągnie. Franklin jednak intuicyjnie robił wszystko, by rozwinąć w sobie prawdziwy realizm, prowadzący do przekraczania barier, a nie skłaniający do rezygnacji z marzeń przy pierwszej przeszkodzie. Wolne chwile przeznaczał na naukę, a zaoszczędzone pieniądze wydawał na książki.

Silny jest ten, kto potrafi przezwyciężyć swe szkodliwe przyzwyczajenia. BENJAMIN FRANKLIN

Jako dwunastolatek rozpoczął pracę w drukarni swego brata w Ecton. Podrzucał mu nawet artykuły pisane pod pseudonimem. Po kilku latach przeniósł się do Filadelfii. W wieku 22 lat został współwłaścicielem zakładu drukarskiego i rozpoczął publikowanie dwóch gazet. Nowe tytuły szybko zdobyły grono wiernych czytelników. To mu nie wystarczyło. W otaczającej rzeczywistości dostrzegał mnóstwo szans i możliwości działania. Za jego sprawą w Filadelfii powstała ochotnicza straż pożarna, policja, szpital i biblioteka. Franklin wynalazł wiele przydatnych przedmiotów, między innymi piorunochron i soczewki dwuogniskowe. Zreformował pocztę, tak że po raz pierwszy zaczęła przynosić zyski. Odnosił sukcesy polityczne. Jednym z jego największych projcktów było zorganizowanie kształcenia młodych ludzi. Zaczął od otwarcia biblioteki. Nieco później powołał do życia akademię. Po latach przeistoczyła się ona w Uniwersytet Pensylwanii.

Niezwykłość Benjamina Franklina nie wynikała wyłącznie z jego rozlicznych talentów. Podziwiać można przede wszystkim jego podejście do kolejnych wyzwań. Po pierwsze, dostrzegał je, po drugie – podejmował, po trzecie – wytrwale poszukiwał dróg prowadzących do celu. Nie dzielił swojego zaangażowania na poszczególne dziedziny, szukał rozwiązań na ich styku, na poboczach głównej działalności. Najważniejsza była dla niego skuteczność. Jego wizje były równie śmiałe, jak niezłomne było dążenie do ich realizacji.

Tacy ludzie jak Franklin, Stevin i Babbage wskazują nam drogę. Udawadniają, że każdy może znaleźć pole do działania, które przyniesie satysfakcję i będzie użyteczne dla innych. Ich dokonania dowodzą, że ambitne cele można osiągać. Istotne jest podejście do kolejnych wyzwań, oswajanie emocji, stopniowe nabieranie odwagi, zrozumienie tego, że wyrażenie „To niemożliwe" pojawia się zazwyczaj wtedy, gdy mamy obawy przed rozpoczęciem czegoś nowego. Stanowi rodzaj zasłony. Chętnie się za nią chowamy, by nie powiedzieć: „Boję się za to zabrać". Czy warto z niej korzystać? Czy nie lepiej dać sobie prawo do błędu, ale realizować własne projekty i spełniać marzenia? Nasycone optymizmem myślenie realistyczne nierzadko powoduje, że pozytywne uczucia biorą górę nad niepewnością. Gdy zaś z wszechstronnej analizy sytuacji wyłoni się spójna wizja, kolejne kroki zmierzające do jej urzeczywistnienia staną się łatwiejsze.

Narrator
Podsumujmy to, co już wiemy. Ustaliliśmy, że realizm to postawa życiowa opierająca się na doświadczeniu i rozumowaniu, polegająca na trzeźwej, bezstronnej ocenie rzeczywistości. Realista zaś to człowiek, który podąża za marzeniami, dąży do osiągnięcia nakreślonych celów, a równocześnie liczy się z faktami. Rozwinięciem pojęcia realizm jest słowo „realność". Oznacza możność urzeczywistniania czegoś. Postęp we wszystkich dziedzinach nauki dokonuje się dzięki nieustannemu przesuwaniu granic realności, czyli konsekwentnemu dążeniu człowieka do przekraczania swoich możliwości.

Warto zapamiętać, że realizm jest skutecznym sposobem na spełnianie marzeń. Najpierw jednak powinniśmy odważyć się je mieć. Na przeszkodzie staje tu pesymizm, skutecznie zniechęcający do działania wielu z nas. Warto jednak odrzucić taką postawę i uwierzyć we własne możliwości. Wszyscy mamy zalążki jakichś umiejętności. Możemy je rozwinąć i użyć do realizacji planów. Zacznijmy jednak od ignorowania ograniczeń. Nauczmy się widzieć zdarzenia, wyzwania i problemy z różnych stron. Starajmy się dostrzegać w nich nie zagrożenie, a możliwości. Realne szanse rozwoju. To da nam odwagę. Gdy skupimy się na celu i korzyściach, jakie przyniesie jego osiągnięcie, będziemy gotowi na pokonywanie przeszkód stających nam na drodze.

W trakcie naszych rozważań zastanawialiśmy się, co powstrzymuje nas przed spełnianiem marzeń? Skąd bierze się rezygnacja? Wynika ona z nawyków myślowych ukształtowanych w procesie wychowania. Wpajane od dzieciństwa negatywne schematy myślenia i postępowania wywołują u dorosłej osoby nawykowe wycofywanie się z działań, jeśli tylko pojawią się trudności. W dodatku zwykle nie ma ona świadomości, że to tylko utrwalona reakcja na problemy.

Z tego wypływają ważne wnioski. Po pierwsze, jeśli pełnimy jakiekolwiek funkcje opiekuńcze, jesteśmy na przykład rodzicami lub nauczycielami, traktujmy podopiecznych po partnersku. Zamiast ich oceniać, uczmy myślenia i zaradności. Dawajmy wędkę, a nie rybę. Wskazujmy możliwości. Rozbudzajmy pomysłowość. Pomagajmy odnaleźć i rozwijać pasje. Po drugie, podobnie traktujmy siebie. Nie oceniajmy, a dopingujmy siebie samych w odważnym kroczeniu przez życie. Zadbajmy o własny rozwój oparty na realistycznym spojrzeniu na rzeczywistość.

Wiemy już, że polega ono na optymizmie i pokonywaniu ograniczających nawyków myślowych. Nieodłączną częścią tego spojrzenia jest wiara w nieustanne przekraczanie ludzkich możliwości oraz wytrwałe kierowanie się własnymi ideami i marzeniami. Nie zapominajmy o poszukiwaniu swoich talentów i predyspozycji oraz ciągłym ich rozwijaniu i wykorzystywaniu. To wszystko jest ważne, ale czy wystarczy, by nazwać się zadowolonym z życia realistą?

Zastanówmy się, co może nam pomóc myśleć realistycznie i na co dzień stosować zasadę realizmu. Niewątpliwie: znajomość siebie, świadomość mocnych i słabych stron, szeroka wiedza ogólna i specjalistyczna oraz wyobraźnia. Warto też wypracować w swoim umyśle takie procedury myślenia, które pozwolą patrzeć na cele i zadania bez emocjonalnego zaangażowania, a wyłącznie przez pryzmat korzyści i szans. To nie znaczy, że mamy działać bez emocji. Nauczmy się jednak nad nimi panować, by nie zaciemniały one realnej oceny rzeczywistości, w chwili gdy podejmujemy ważne decyzje.

Pamiętajmy także, że w każdym działaniu ważna jest wizja. Wizjonerstwo, czyli podążanie za marzeniami, to nic innego jak dalekowzroczność i planowanie przyszłości. W tym miejscu wizja łączy się z realizmem. Projekt oparty na tak mocnej podstawie ma ogromne szanse powodzenia, nawet gdyby początkowo wydawał się nieprawdopodobny.

Leonardo da Vinci powiedział kiedyś, że trzeba kontemplować i dużo myśleć, bo kto mało myśli, ten dużo traci. Co zrobić, by nasze myślenie pomagało nam spełniać marzenia, by było nacechowane realizmem i skuteczne?

Prelegent
Jednym z warunków jest postrzeganie siebie jako wartościowego człowieka, kształtowanie otwartości i gotowości na zmianę. Codziennie

stajemy przed wyzwaniami, jakie niesie życie. Codziennie podejmujemy jakieś decyzje. Jedne są banalne i w zasadzie nieistotne dla realizacji życiowych celów, na przykład: „Teraz zatankować benzynę, a później załatwić sprawę w urzędzie, czy odwrotnie?". Inne mogą mieć duży wpływ na naszą przyszłość. To do nich właśnie powinniśmy podchodzić z optymistycznym realizmem.

Obchodzi mnie przyszłość, bo zamierzam spędzić w niej resztę życia. KAROL KETTERING

Optymistyczny realizm osiągniemy poprzez równomierny rozwój wszystkich obszarów odgrywających rolę w procesie podejmowania decyzji. Co to za obszary? Znajomość siebie, wyobraźnia oraz wiedza dająca poczucie pewności podczas precyzowania celu i umożliwiająca rozwój wyobraźni, która poszerza horyzonty myślenia. Niebagatelne znaczenie mają także takie czynniki, jak wiara w istnienie rozwiązań oraz rozwinięcie procedur myślenia. Przyjrzyjmy się bliżej wymienionym elementom. Zastanówmy się, jak je w sobie kształtować i umacniać.

Zacznijmy od poznawania siebie. Określmy swoje mocne i słabe strony. Zadbajmy o równomierne rozwijanie kluczowych cech osobowości, by pomagały nam w realizacji celów. Obserwujmy swoje reakcje. Jeśli nauczymy się je przewidywać, wzrośnie nasza wiara w siebie. Zaczniemy rozpoznawać, w jakich sytuacjach potrafimy zachować się odważnie, a w jakich jest to dla nas trudne. Nabierzemy zaufania do siebie i do własnych decyzji. Uświadomimy sobie, że nie warto skupiać się na rozpamiętywaniu strat. Porażki będziemy zapisywać po stronie cennych doświadczeń, wyciągniemy z nich wnioski, a potem ruszymy dalej po nowe cele. Weźmiemy też pod uwagę fakt, że realny to przede wszystkim: możliwy, osiągalny, wykonalny, a nie – jak się powszechnie uważa – materialny, przeliczalny, faktyczny.

Życie jest przygodą dla odważnych albo niczym. HELEN KELLER

Duży wpływ na rozwój optymistycznego realizmu ma wyobraźnia. To dzięki niej powstają marzenia nadające kształt celom. Dzięki niej możemy także wizualizować przyszłość i zobaczyć siebie w roli zwycięzcy. To sprawdzian wartości celu. Wyobrażając sobie własne odczucia, możemy odpowiedzieć na pytania: „Czy to odczucie jest warte wysiłku?", „Czy chcę podjąć ten trud?".

Wyobrażenie to jednak nie wszystko. Ogromną wartość ma też wiedza na temat celu, który chcemy osiągnąć. Ustalmy więc, czego powinniśmy się dowiedzieć, żeby decyzje w sprawie wytyczenia drogi do celu były możliwie najlepsze. Wiedza to coś więcej niż wiadomości internetowe czy podręcznikowe. To także bardzo specjalistyczne dane dotyczące konkretnego obszaru zainteresowań: firmy, sytuacji rynkowej, politycznej lub jakiejkolwiek innej. Warto tu skorzystać z doświadczeń naprawdę wiarygodnych doradców. Dostarczą bowiem potrzebnych danych oraz analiz, by nie umknęło nam coś, co może okazać się potem zasadniczą przeszkodą w realizacji celu. Należy jedynie pamiętać o mądrej selekcji treści dostarczanych przez firmy doradcze. Szkoda czasu, by czytać nijakie informacje lub słuchać ludzi dysponujących niewielką wiedzą na interesujący nas temat.

Zdolność myślenia nie zna granic. ALBERT JACQUARD

Do obszaru wiedzy należą też inspirujące przykłady ludzi odważnie kroczących własną drogą. By lepiej poznać motywy ich działań, szukajmy w ich postępowaniu odpowiedzi na pytania: „Jakimi sposobami osiągali swoje cele?", „Czy i gdzie znaleźli wsparcie?", „Jaką bazą dysponowali?", „Czy ja spełniam te warunki, a jeśli nie, co jeszcze powinienem zrobić?". Przyjrzyj się uważnie życiu fascynujących Cię osób. Być może rozwieje to wiele wątpliwości, które pojawią się w Twoim umyśle, kiedy zaczniesz tworzyć wyobrażenie przyszłych celów.

Gdy już sobie wyobrazisz cel i uznasz, że jego urzeczywistnienie przyniesie Ci oczekiwane korzyści, uwierz w możliwość jego realizacji. Pomoże Ci w tym przeanalizowanie wszystkiego, czego już dowiedziałeś się na temat swojego projektu. Zachowaj przy tym jak największy obiektywizm. Wymaga to realizmu, **zaangażowania i wytrwałości**. Nie warto iść na skróty ani oczekiwać szybkich i łatwych wyników. Niekiedy, by jakieś zamierzenie stało się realne, dobrze jest pozyskać do współpracy specjalistów. Nie obawiaj się korzystać z tego typu pomocy. Powinieneś się we wszystkim orientować, ale nie musisz na wszystkim się znać. Profesjonaliści potrzebną wiedzę, zwłaszcza w wąskich specjalnościach, często zdobywali latami. Tobie też zajęłoby to lata. Henry Ford pytany o szczegóły dotyczące produkowanych pojazdów zawsze odsyłał pytającego do kompetentnego specjalisty. Nie uważał, że sam musi wszystko wiedzieć. Warto brać wzór z takiej postawy.

Narrator
Kolej na przyjrzenie się następnemu z wymienionych już elementów optymistycznego realizmu. Jest on niezbędny, by wiedza, doświadczenic, wyobraźnia i znajomość własnej osobowości zadziałały. Chodzi o procedury myślenia. Przypatrzmy się, jak zazwyczaj wygląda uzasadnianie naszych sądów: najpierw formułujemy tezę, a dopiero potem dobieramy argumenty, które mają dowieść jej prawdziwości. Nie są to najlepsze wzorce. I nie jest to realizm. Realizm polega na wielostronnym oświetleniu celu, problemu bądź wyzwania. Na przyjrzeniu mu się

z różnych punktów widzenia, żeby móc podejmować decyzje odważnie i świadomie. By być jednocześnie kreatywnym i konstruktywnym.

Prelegent
Jeśli czujesz, że ten ogląd rzeczywistości jest Ci obcy, sięgnij po metodę sześciu kapeluszy Edwarda de Bono, znaną w wielu przedsiębiorstwach i korporacjach. Jak się ją stosuje? Przypuśćmy, że zespół powołany do opracowania nowego projektu składa się z 24 osób. Należy podzielić go na sześć grup. Poszczególnym grupom przydziela się po jednym „kapeluszu". Każdy z nich ma określony kolor. Oznacza on sposób, w jaki grupa ma się przyjrzeć problemowi. Biały pozwala podawać wyłącznie fakty. Czerwony każe opierać się na intuicji, przypuszczeniach i swoim stosunku do projektu. Czarny to kapelusz pesymistyczny, kierujący poszukiwania w stronę wszelkich możliwych zagrożeń. Kapelusz żółty, przeciwieństwo czarnego, koncentruje się jedynie na pozytywnych stronach projektu, zielony wymaga włączenia kreatywności i formułowania nowych rozwiązań, a niebieski podsumowuje dyskusję. Szczegóły tej

metody znajdziesz w książce Edwarda de Bono *Sześć kapeluszy myślowych*. Dlaczego ta metoda jest taka skuteczna? Czym różni się od zwykłego zastanawiania się nad problemem bądź wyzwaniem? Otóż, będąc częścią grupy, zwłaszcza grupy ludzi na różnych zależnych od siebie kompetencyjnie stanowiskach, trudno zdobyć się na wyrażenie własnego zdania. Jeśli pomysł jest kontrowersyjny, a podał go przełożony, niełatwo głośno wyrazić swoje zastrzeżenia. Gra w sześć kapeluszy w pewien sposób usprawiedliwia nasze sądy, ponieważ nie ma możliwości wyboru kapelusza, a więc i odgrywanej roli. Konkretna osoba nie ma wyjścia i „musi" podać wątpliwości, „musi" znaleźć dane, „musi" tryskać optymizmem lub być pesymistyczna, bez względu na to, co sama myśli. Nie wyraża przecież swoich przekonań, lecz dokonuje analizy problemu z wyznaczonej perspektywy.

Ta metoda może być przydatna także w rozwiązywaniu własnych problemów i przy konkretyzowaniu własnych celów. Przypomnij sobie, na czym polega działanie umysłu, który bardzo chętnie nam „pomaga". Jeśli mamy jakiś dylemat, zazwyczaj dość łatwo znajdujemy rozstrzygnięcie. Niekiedy wydaje nam się, że natychmiast je znaleźliśmy. Nie jesteśmy świadomi, że umysł podsuwa takie argumenty, by nasze przewidywanie się sprawdziło i byśmy mogli dzięki temu czuć się komfortowo. Czy będą one nieprawdziwe? Nie, każdy z nich będzie zgodny z rzeczywistością. Tyle że... wielu istotnych faktów nie zauważymy, więc wnioski mogą okazać się fałszywe.

> Moja siła leży w nieustępliwości. LUDWIK PASTEUR

Posłuchaj pewnego opisu: „Zespół grał kawałki znane i lubiane. Wzrok przyciągały kolorowe kwieciste sukienki falujące z każdym ruchem ich właścicielek. Chłopcy w swoich mniej jaskrawych ubraniach nie rzucali się w oczy. Starszych było niewielu. Zewsząd dochodziły gwar i śmiechy. Nagle przez głośną muzykę i szum rozmów przebił się rytmiczny dźwięk. Na ukośnie ułożonych płytkach »parkietu« miarowo stukały wysokie obcasy czerwonych butów. Dziewczyna kierowała się w stronę muzyków". Jak myślisz, co było dalej? Puść wodze fantazji! Przeanalizuj sytuację: gra zespół muzyczny, kolorowe sukienki falują, chłopcy i dziewczęta, gwar i śmiechy, „parkiet", stukają wysokie obcasy. Czy to sceneria zabawy tanecznej? Tym razem nie, choć prawie wszystko na to wskazuje. Jest to zwykła ulica w nadmorskim miasteczku we Francji. Występują na niej grajkowie. Chodnik z wąskich betonowych płytek ułożony jest w kształt klasycznego parkietu. Dziewczyna w butach na wysokich obcasach kieruje się w stronę kapelusza, do którego można wrzucać pieniądze dla grajków.

> Problem dobrze ujęty, to w połowie rozwiązany. KAROL KETTERING

Mówi się, że jeśli dwóch ludzi patrzy na to samo, to każdy widzi co innego. Jak sprawić, żeby nie sądzić tylko po pozorach? Jak nie podejmować decyzji w oparciu o uproszczone podpowiedzi naszego umysłu? Jak patrzeć realistycznie i widzieć tyle elementów rzeczywistości, żeby stworzony z nich obraz nie był przekłamany? Możemy zastosować wspomnianą grę w sześć kapeluszy. Możemy też wykorzystać metodę szukania odpowiedzi na pytania, ułożone samodzielnie i dostosowane do sytuacji. Bazowy zestaw pytań do wstępnej oceny pomysłu lub rozwiązania problemu może wyglądać następująco: „Czy projekt jest zgodny z moimi wartościami nadrzędnymi?", „Czy i dlaczego mam ochotę się nim zająć?", „Jakie korzyści przyniesie jego realizacja?, „Kto jeszcze, oprócz mnie, będzie miał z niego pożytek?", „Czy ktoś na tym straci?", „Jakie zagrożenia mogę napotkać?", „Co wiem na tematy związane z projektem?", „Czego jeszcze muszę się dowiedzieć?", „Kto może mi pomóc w realizacji projektu? I dlaczego miałby chcieć to zrobić?", „Które moje silne strony wpłyną pozytywnie na realizację projektu?", „Które moje słabe strony mogą spowolnić projekt lub spowodować jego porzucenie?", „Jak mogę temu zapobiec?", „Które moje dotychczasowe osiągnięcia pokazują, że realizacja projektu będzie możliwa?".

Możemy ten zestaw dowolnie zmodyfikować lub dodać do niego jeszcze kilka pytań. Odpowiedzi zapisujmy na oddzielnych kartkach, by móc osobno ułożyć te, które zawierają argumenty za realizacją pomysłu, i osobno te, które do niego zniechęcają. Nie patrzmy jednak tylko na liczbę argumentów, lecz także, a może przede wszystkim, na ich jakość i wagę. Dla ułatwienia analizy siłę argumentów możemy zaznaczyć różnymi kolorami markera.

Narrator
Realizm można wyćwiczyć. Jeśli już wiesz, że nie polega na „szukaniu dziury w całym", tylko na wszechstronnej analizie sytuacji oraz uświadomieniu sobie własnego potencjału, spróbuj zająć się spełnianiem marzeń. Być może czekają na to od lat. Zacznij żyć według własnego planu, łącząc racjonalne myślenie z zaangażowaniem emocjonalnym. Nadal zastanawiasz się, czy to nie sprzeczność? Przykład Thomasa Edisona dowodzi, że nie. Czysta nieskrępowana radość wynikająca z tworzenia i odkrywania nowych możliwości doprowadziła go do wynalezienia wielu urządzeń niezwykle przydatnych ludzkości. Przypominasz sobie, jak traktował porażki? Stanowiły dla niego źródło doświadczeń. Wykorzystywał je do modyfikowania i ulepszania pomysłów. Bez wątpienia Edison był człowiekiem wybitnym, dysponującym ogromnym potencjałem, ale nic nie stoi na przeszkodzie,

byśmy i my starali się zostać wynalazcami, odkrywcami, prekursorami w swoich dziedzinach. Kreatorami własnej rzeczywistości. Każdy z nas może odkryć w sobie pioniera. Obserwujmy innych, czerpmy z nich wzory, ale nie naśladujmy bezrefleksyjnie nikogo. Szukajmy własnych celów, na tyle inspirujących, by dążenie do ich realizacji stało się naszą pasją. I na tym gruncie rozwijajmy racjonalność myślenia. Pasja nie powinna bowiem przysłonić nam istoty życia, wartości, jakimi się kierujemy, ani ludzi, którzy są w naszym otoczeniu i nas potrzebują.

Prelegent
Zastanówmy się teraz, jak na realizację celów wpływają emocje. Byłoby idealnie, gdybyśmy potrafili podejmować życiowe decyzje, kierując się jedynie rozumem. Na chłodno i bez ekscytacji, po głębokim namyśle... Niestety, rzadko jesteśmy w stanie całkowicie pominąć emocje i poprzestać na racjonalnym, obiektywnym myśleniu. Rozum i serce to połączenie nierozerwalne. Nasze funkcjonowanie w świecie zależy w równym stopniu od rozumu, jak od uczuć i emocji. Zastanówmy się, jak to działa.

Najpierw pytanie: „Czy to, czym się zajmujesz, daje Ci radość i satysfakcję?...". Czy mógłbyś szczerze powiedzieć: „Tak. Jestem spełnionym człowiekiem. Nie pragnę od życia niczego więcej"? Jeśli Twoja odpowiedź jest twierdząca, to wspaniale, ponieważ oznacza, że odpowiednio kierujesz swoimi myślami. Dostrzegasz pozytywne aspekty życia, a one wywołują właściwe emocje. Jeżeli jednak w Twoim otoczeniu, pracy, relacjach z bliskimi coś Ci przeszkadza lub chciałbyś, żeby wyglądało to inaczej niż obecnie, nie zastanawiaj się dłużej, lecz sprecyzuj, co zmienić. Zamiast zatrzymywać się na przekonaniu: „Jest źle", idź o krok dalej i zaproponuj rozwiązanie. Wymyśl, co zrobić, by pewność siebie, optymizm i wiara w przyszłość stały się naturalnym stanem Twojego umysłu. Stawiaj sobie ambitne cele. Nie przejmuj się, jeśli innym wydawać się będą nierealne. Myśl o ich urzeczywistnianiu pozytywnie, z radością i wiarą w powodzenie. Znajdź w sobie tyle odwagi, żeby nie ulec presji otoczenia i się nie poddać.

Panowanie nad emocjami i poznawanie własnego sposobu myślenia jest szczególnie istotne w przypadku decyzji kluczowych dla naszego życia. Na przykład takich, jak wybór partnera. To trudne, gdyż często – nie zdając sobie z tego sprawy – myślimy życzeniowo. Widzimy w człowieku, z którym chcemy się związać, kogoś, kim nie jest. Nie chcemy dostrzec jego prawdziwej osobowości, bo tak nam wygodniej. To może spowodować, że po jakimś czasie przeżyjemy ogromne rozczarowanie. Być może nawet zerwiemy związek. Taka decyzja może bardzo skrzywdzić bliskiego nam człowieka. Przecież z pewnością aż tak znacznie się nie zmienił, tylko my zbyt późno zauważyliśmy, jak bardzo się różni od naszych wyobrażeń.

Emocje są jak dzikie konie i potrzeba wielkiej mądrości, by je okiełznać. PAULO COELHO

Czy można sobie zaoszczędzić rozczarowań i konfliktów? W 100 procentach zapewne nie. Ale jeśli użyjesz realizmu, przynajmniej ograniczysz ryzyko ich wystąpienia. Zrezygnuj z naiwnego myślenia w stylu: „Po ślubie już nie będzie taki zazdrosny", „Po ślubie skończy z przesiadywaniem przed telewizorem", „Po ślubie zawsze i wszędzie będziemy chodzić razem". Odważ się pytać o to, co dla Ciebie ważne. Jeśli chcesz mieć dzieci, dowiedz się, czy Twoja przyszła druga połowa widzi się w roli rodzica. A jeśli nie, to rozważ, czy potrafisz zaakceptować tę decyzję... Zastanów się, czy uczucie, które was łączy, rzeczywiście można nazwać miłością? Co to w ogóle jest miłość? Stan chwilowego zauroczenia? Fascynacja seksualna? Spójrz na to realistycznie. Gdyby te mijające uczucia były miłością, wszystkie pary powinny chcieć się rozstawać, gdy tylko minie pierwszy okres związku. Stephen Covey w jednej ze swoich książek zauważył, że wyraz „kochać" jest czasownikiem, czyli oznacza działanie. Skoro tak, to jeśli dobrze wybierzesz obiekt swoich uczuć, możesz zatrzymać miłość. Jak? Działaj! Słuchaj, współczuj, służ pomocą, poświęcaj się, doceniaj, czcij, motywuj. Czy nie sądzisz, że gdyby ludzie zachowywali się w ten sposób, zdecydowanie zmalałaby liczba rozwodów? I czy to nie jest podejście realistyczne?

Narrator
Jednym z momentów przełomowych w życiu człowieka jest decyzja o wyborze zawodu,

uczelni czy kierunku studiów. Jeśli masz już to za sobą, przypomnij sobie te chwile, gdy stanąłeś przed wyborem dalszej drogi życiowej... Czy rozsądnie przeanalizowałeś wszystkie za i przeciw, realnie oceniłeś swoje szanse na osiągnięcie celu...? A może przestraszyłeś się marzeń... zbyt pięknych i odległych, by, Twoim zdaniem, mogły się spełnić... i zrezygnowałeś z nich, nie podejmując próby ich urzeczywistnienia...?

Czym człowiek powinien się kierować, by decyzja o zawodowej przyszłości była mądra i właściwa? Zapewne domyślasz się – realizmem. Powinien więc odpowiedzieć sobie na następujące pytania: „Czy mam odpowiednie predyspozycje?", „Czy będę miał szansę wykorzystać swój talent?", „Czy poradzę sobie z egzaminami?", „Czy wyobrażam sobie siebie wykonującego zawód, którego się wyuczę?", „Czy ta praca przyniesie mi zadowolenie i sprawi satysfakcję?".

Prelegent
Tylko uczciwa odpowiedź na takie pytania pozwoli dokonać mądrego wyboru. Jeśli młody człowiek wybierze dobrze, czas studiów będzie dla niego okresem twórczym i rozwijającym,

a wykonywany później zawód okaże się prawdopodobnie tym wymarzonym.

Decyzja o wyborze kierunku kształcenia może zaważyć na jakości całego życia. Najgorsze, co można zrobić w tej sytuacji, to ulec namowom innych. Świadczą o tym historie życia młodych ludzi, którzy kierunek studiów wybrali pod wpływem rodziców. Często się tak zdarza, bo w wielu rodzinach i środowiskach panuje pewnego rodzaju presja na dziedziczenie profesji. Lekarze zazwyczaj pragną, by ich latorośl studiowała medycynę, sędziowie i adwokaci kierują synów i córki do szkół prawniczych, rzemieślnicy nie wyobrażają sobie, by ich dzieci nie kontynuowały dzieła rodziców w rodzinnym warsztacie. W pewnym sensie takie postępowanie da się zrozumieć. Istnieje wiele wspaniałych rodzinnych przedsiębiorstw rozwijających się prężnie od pokoleń. Nie zawsze jednak dziecko chce być kolejnym ogniwem tej tradycji. Niekiedy ulega naciskowi tylko dlatego, że nie potrafi się mu przeciwstawić. Rodzice mają obowiązek pozwolić dziecku pójść w wybranym kierunku, nawet jeśli skrajnie odbiega od ich wyobrażeń. Jakkolwiek bowiem nazwie się tę drogę:

powołaniem, predyspozycjami, wewnętrznym przekonaniem, czy – bardziej poetycko – głosem serca, to niewątpliwie jej wybór wpłynie na późniejszy rozwój kariery i satysfakcję życiową młodego człowieka.

Jeśli rodzice uszanują decyzję dziecka, sami odniosą wiele korzyści. Nagrodą będzie jego szczęście i dobre relacje rodzinne. Przestrogą dla rodziców może być historia młodego chłopaka z Ukrainy, który wyjechał z rodzinnego kraju, bo – jak przyznał – nie mógł porozumieć się z rodzicami. Oni, z zawodu lekarze, marzyli, aby ich ukochany i jedyny syn poszedł w ich ślady. Ale Siergiej nie tego pragnął. Ku zaskoczeniu rodziców od najmłodszych lat życia interesowały go... włosy. Lubił ich dotykać, patrzeć na nie. Gdy nieco podrósł, z upodobaniem przeglądał katalogi fryzjerskie, obserwował ludzi, czytał o strukturze włosów i możliwościach ich przemiany pod wpływem różnych zabiegów. Mógł o tym opowiadać godzinami.

Już jako kilkunastolatek strzygł kolegów. Koleżankom doradzał, jakie fryzury są modne i jakie pasują do konkretnej twarzy, kształtu głowy czy karnacji. Naciskany przez rodziców powiedział im wreszcie, że w przyszłości zamierza zostać fryzjerem. Byli załamani. Tłumaczyli mu, że to wstyd, że taki zawód wybiera tylko młodzież bez ambicji. Nic nie pomagało. Dla Siergieja fryzjerstwo było prawdziwą pasją. W przekonywanie go, że powinien pójść na studia – jeśli nie medyczne, to może chociaż inżynierskie – włączyła się niemal cała rodzina. W końcu chłopak nie wytrzymał szantażu emocjonalnego, jakim zaczęli posługiwać się bliscy, i wyjechał do USA. A właściwie uciekł z wycieczki, na którą wybrał się z grupą przyjaciół.

Jak się domyślasz, Siergiej znalazł sposób, by zrealizować swoje marzenie. Na początek zatrudnił się w zakładzie fryzjerskim w małej miejscowości na południu Stanów Zjednoczonych. Już po dwóch latach odważył się wyjechać do Nowego Jorku, a następnie do Nowego Orleanu. Dzisiaj ma kilka salonów fryzjerskich i całą rzeszę wiernych klientów. Jest szczęśliwym człowiekiem. Jego rodzice są z niego dumni i chwalą się nim przed innymi. Siergiej zapytany kiedyś przez klienta, dlaczego zajął się włosami, choć mógł zostać lekarzem, prawnikiem lub inżynierem, odpowiedział, że nic innego nie mógłby robić z takim poświęceniem i oddaniem. Jest nie tylko prawdziwym profesjonalistą i perfekcjonistą w wykonywaniu swojego zawodu, lecz także doświadczonym doradcą i konsultantem. Jego marzenie, by poprzez zmianę wizerunku wpływać na poczucie własnej wartości innych ludzi i dawać im radość, wciąż się spełnia.

Narrator
Najważniejsze nie jest to, jaką przyszłość rodzic widzi dla swego dziecka, lecz to, gdzie dziecko widzi siebie. Historia Siergieja stanowi tego niezaprzeczalny dowód. W tym przypadku wszystko dobrze się skończyło, ponieważ chłopak cechował się mocnym charakterem i wykazał sporą odporność na emocjonalne działanie najbliższego otoczenia. Miał odwagę podążać za tym, co było jego przeznaczeniem. Gdyby jednak było inaczej? Gdyby miłość do rodziców przesłoniła mu myślenie o własnej przyszłości i stłumiła marzenia? Gdyby był bardziej uległy? Może w tej chwili zamiast być spełnionym fryzjerem, byłby zblazowanym i nieszczęśliwym lekarzem.

Czy możemy zatem pomóc nastolatkowi w wyborze zawodu? A jeśli tak, jak to zrobić? Niezbędny jest właśnie realizm, który podpowiada, by nie narzucać dziecku żadnej profesji. Lepiej zacząć obserwować jego predyspozycje i upodobania, otwierać przed nim różne drogi życiowe. Pokazać, gdzie będzie mógł najlepiej wykorzystać swoje mocne strony. Ale wybrać pozwólmy mu samodzielnie.

Prelegent
Szczególnego wsparcia potrzebują dzieci wybitnie utalentowane. Jest na to wiele przykładów, także w historii kultury polskiej. Fryderyk Chopin może nie byłby tak znakomitym i znanym na całym świecie kompozytorem, gdyby rodzice nie zauważyli w porę jego talentu i nie stworzyli mu odpowiednich warunków do rozwoju. Podobno już jako niemowlę Fryderyk uspokajał się przy dźwiękach fortepianu, a w wieku kilku lat sam grał zasłyszane melodie. Rodzice niezwłocznie zatrudnili nauczyciela muzyki, ale w krótkim czasie uzdolniony chłopiec przerósł go umiejętnościami i talentem. Świadomi predyspozycji i ogromnego potencjału swojego

syna robili wszystko, by umożliwić mu rozwijanie niezwykłego daru.

Nie każde dziecko rodzi się genialne, ale u każdego można rozpoznać jakieś specyficzne uzdolnienia. Pomagają w tym sprawdzone naukowo metody. Specjalne testy potrafią już w kilkulatku odkryć zdolności muzyczne, plastyczne, techniczne i inne. Młodzież w wieku około 16 lat może za pomocą testów poznać cechy charakterystyczne swojej osobowości i rodzaj temperamentu. Istnieją też testy sprawdzające, czy młody człowiek ma predyspozycje do wykonywania wybranego zawodu.

Pamiętajmy jednak, że dzieci w tym wieku przechodzą okres najsilniejszych zmian osobowości. Zbyt wczesna diagnoza i przywiązanie się do niej może doprowadzić do zaszufladkowania dziecka i przedwczesnej specjalizacji. Jeśli poddamy dziecko takim testom, powinniśmy mieć świadomość, że zdobyta w ten sposób wiedza określa stan osobowości i predyspozycje na określonym etapie rozwoju. Już po roku może być ona w dużej części nieaktualna. Traktujmy więc ją jako pewien sygnał, a nie wyznacznik, którego trzeba się kurczowo trzymać. Kierując dziecko w jakąkolwiek stronę, obserwujmy, czy jest szczęśliwe. Nie każde będzie miało tyle pewności siebie, by wbrew staraniom rodziców pójść za głosem swoich pragnień. Jeśli więc jesteś rodzicem lub nauczycielem – traktuj swoje dzieci bądź uczniów po partnersku. Najpierw poznaj ich marzenia, potem pomóż je realizować.

Czy te porady dotyczą tylko ludzi młodych? Oczywiście, że nie! Realistycznie określić swój potencjał można w każdym wieku. Wielu ludzi po 40., 50., a nawet 60. roku życia dokonało spektakularnego zwrotu. Niekiedy, by wreszcie oddać się swojej pasji, zrezygnowali oni z wygodnej posady, zmienili zawód i miejsce zamieszkania, odeszli od dotychczasowych przyzwyczajeń. Często dopiero wtedy poczuli się wolni i szczęśliwi. Dlatego warto jak najwcześniej i możliwie precyzyjnie określić swój potencjał. W ten sposób znajdziemy obszar działania, który może nam przynieść satysfakcję i spełnienie, w którym będziemy najbardziej kreatywni i w którym możemy osiągnąć najlepsze rezultaty. Ważne, by tych zmian dokonywać zgodnie z zasadą realizmu i by towarzyszyło im zaangażowanie – motor wszelkich działań. Dzięki temu radość z dochodzenia do celu będzie większa, a potknięcia nie tak bolesne.

Narrator
Jeśli po wysłuchaniu tego wykładu odszedłeś od nazbyt pesymistycznego pojmowania pojęcia realizmu, to oznacza, że odegrał on swoją rolę. Być może odtąd inaczej rozumiany realizm będzie Ci pomagał w realizacji marzeń.

Gruntowne poznanie siebie i stosowanie zasady realizmu do oceny ludzi i sytuacji przydaje się w każdej dziedzinie życia. Idealnie by było, gdybyśmy potrafili podejmować decyzje, kierując się rozumem nieprzysłoniętym przez emocje. Gdybyśmy potrafili zastąpić na jakiś czas emocjonalne reakcje racjonalnym obiektywnym myśleniem. Na jakiś czas, bo czy chciałbyś działać całkiem bez emocji? Raczej nie. Te dobre są potrzebne, pozwalają bowiem przy podejmowaniu decyzji brać pod uwagę uczucia innych ludzi i nasze własne. Istotne jest jednak, by nauczyć się nad nimi panować.

Myślenie realistyczne zapewnia oparcie, pozwala na wnikliwe przyjrzenie się rzeczywistości i oszacowanie na tej podstawie swoich szans. Realista ma marzenia, a równocześnie wierzy w siebie i swoje możliwości. Stawia przed sobą takie wyzwania, które rzeczywiście go inspirują. I faktycznie chce im sprostać. Analizuje dane i wyznacza kolejne etapy działania, wykorzystując swoje mocne strony. Stara się pracować nad słabościami, ponieważ ma świadomość, że mogą być przeszkodą w realizacji planów. Nieustannie się rozwija, pogłębiając wiedzę i zdobywając kolejne umiejętności.

Zasada realizmu to nic innego, jak szukanie sposobu na spełnianie marzeń. Opiera się ona na kilku kolejnych krokach. Po pierwsze: mieć marzenie. Po drugie: wyznaczyć cel i nie bać się mu sprostać. Po trzecie: ocenić swoje szanse, analizując fakty, zagrożenia oraz mocne i słabe strony. Po czwarte: zaprojektować kolejne etapy działania. Po piąte: pokonywać trudności, lęki, złe emocje i nie zrażać się.

Stosowanie tej zasady umożliwi Ci znalezienie odpowiedzi na dwa ważne pytania: „Po co to robię?" i „Jak mam to zrobić?". Wzmocni motywację i wytrwałość w dążeniu do celu. Rozwieje wątpliwości i pomoże zwalczyć pokusę ucieczki, jaką jest rezygnacja z marzeń z powodu „trudności obiektywnych". Wielcy ludzie – odkrywcy, wynalazcy, artyści – byli niezwykle zmotywowani wewnętrznie. Oczyma wyobraźni widzieli efekty swojej pracy i nie poddawali się mimo niepowodzeń. Gdy wiedzieli, dlaczego chcą coś zrobić, łatwiej znajdowali odpowiedź na pytanie: „Jak?".

Pamiętaj, że realizm nie wisi w próżni. Potrzebuje konkretnych argumentów. Warto więc, byś nauczył się ich szukać. Postaraj się robić to jak najbardziej obiektywnie. To ustrzeże Cię przed realizmem pesymistycznym, nastawionym na dostrzeganie wyłącznie negatywnych stron pomysłu, a także przed realizmem „bujającym w obłokach", prowadzącym do lekceważenia wszelkich ostrzeżeń i zagrożeń. Obie drogi są błędne.

Jako realista będziesz wyciągał wnioski na podstawie zebranych faktów, które skrupulatnie i wielowymiarowo przeanalizujesz. Decyzje nie mogą być wynikiem równań z samymi niewiadomymi. Brak informacji nie oznacza, że jej nie ma. Być może po prostu do niej nie dotarłeś. Postaraj się więc korzystać z różnych źródeł. Istotne jest, by były jak najlepszej jakości. Dotyczy to zarówno książek, kursów i stron internetowych, jak i – a może przede wszystkim – doradców i mentorów. Przy tym nie zapominaj o zmianie sposobu myślenia na otwarty i entuzjastyczny.

Wodze fantazji możesz puścić na etapie marzeń, natomiast podczas planowania drogi do celu i realizacji zamierzeń trzymaj się ziemi. To się sprawdza. Sprawdza się także zasada, że pewność działania wzrasta z każdym osiągniętym celem. Coraz bardziej będziesz wierzyć w swoje możliwości i nauczysz się twórczo wykorzystywać porażki, by w przyszłości nie powtarzać tych samych błędów.

Realista wizjoner, realista marzyciel – czy to nie brzmi dobrze? Spróbuj myśleć w ten sposób o sobie. Spróbuj wizualizować ten obraz w umyśle i wzmacniaj go działaniem. Śmiało snuj marzenia, a potem je spełniaj, realizując konsekwentnie punkt po punkcie. Będziesz się musiał zmierzyć z lękami, obawami, blokadami, lenistwem i stereotypami, którym wszyscy ulegamy od czasu do czasu. Czy warto? Warto! Gdy wygrasz, staniesz się człowiekiem wolnym, pełnym wiary w siebie i swoje możliwości, z entuzjazmem spoglądającym w przeszłość.

Część utrwalająca

Porady
1. Traktuj realizm jak sposób na spełnianie marzeń.
2. Odważnie podejmuj wyzwania i precyzyjnie, krok po kroku, realizuj plany.
3. Stosuj podejście realistyczne jako skuteczną metodę postępowania we wszystkich sferach życia: osobistej, rodzinnej i zawodowej.
4. Ćwicz samodzielne podejmowanie decyzji.
5. Rozpoznaj hamujące nawyki myślowe (jeśli takie masz) i zastąp je myśleniem realistycznym.
6. Myśl konstruktywnie. Staraj się łączyć pozornie przeciwstawne hipotezy i wykluczające się pomysły. Są Twoją szansą.
7. Wykorzystuj twórczo porażki. To cenne doświadczenia.
8. Rozwijaj wyobraźnię. To w niej rodzą się pomysły.
9. Naucz się panować nad emocjami przy podejmowaniu decyzji.

10. Utrwalaj w swoim umyśle obraz siebie jako realisty wizjonera, realisty marzyciela.

Quiz

Znalezienie odpowiedzi na pytania dotyczące wykładu pomoże Ci zapamiętać i utrwalić zawarte w nim treści. Postaraj się odpowiadać samodzielnie. Jeśli jednak okaże się, że na któreś z pytań nie znasz odpowiedzi, zajrzyj do tekstu wykładu lub przesłuchaj go jeszcze raz. Odszukasz tam potrzebne informacje. W pytaniach otwartych posłuż się swoją wiedzą i doświadczeniem. Klucz z odpowiedziami znajdziesz na s. 113.

1. **Jakiego człowieka nazywamy realistą?**
   a) rezygnującego z ambitnych zamierzeń
   b) wskazującego wyłącznie minusy zamierzeń
   c) widzącego wyłącznie plusy zamierzeń
   d) potrafiącego właściwie ocenić możliwość realizacji zamierzeń

2. Wymień trzy podejścia do marzeń i celów związane z pojęciem realizm.

....

....

....

....

3. Co jest główną cechą realizmu optymistycznego?
   a) wiara, że jakoś to będzie
   b) niedostrzeganie ewentualnych przeszkód
   c) nieustanna wiara w osiągnięcie celu i zdawanie sobie sprawy z możliwych trudności
   d) nadzieja na to, że inni pomogą nam osiągnąć cel

4. **Dlaczego Leonardo da Vinci nie zbudował zaprojektowanego przez siebie skrzydłowca?**
   a) nie miał materiałów do jego wykonania
   b) nie było chętnych do próbnych lotów
   c) realnie zdał sobie sprawę, że człowiek jest zbyt słaby, by utrzymać się w powietrzu
   d) nie zdążył tego zrobić

5. **Co było największym osiągnięciem braci Orville'a i Wilbura Wright, konstruktorów i wynalazców?**
   a) przeprowadzenie pierwszej udanej próby lotu samolotem
   b) przelot nad Atlantykiem
   c) pierwsze pokazy akrobatyki lotniczej
   d) stworzenie udanego modelu roweru

6. **Kim był John Lubbock, autor słów: „To, co widzimy, zależy głównie od tego, czego szukamy"?**
   a) autorem powieści
   b) matematykiem
   c) fizykiem i inżynierem
   d) antropologiem, archeologiem, entomologiem i biologiem

7. **Jakie konsekwencje ma wielokrotne słuchanie negatywnych ocen swoich działań?**
   a) służy poprawie charakteru
   b) może wykształcić negatywne nawyki myślowe
   c) wzmacnia chęć do pracy
   d) pozwala znaleźć właściwą ścieżkę życiową

8. **Na czym polega opisywane przez R. Martina myślenie zintegrowane?**
   a) na łączeniu koncepcji pozornie przeciwstawnych
   b) na wykluczaniu koncepcji przeciwstawnych
   c) na znajdowaniu dobrych stron pomysłu
   d) na znajdowaniu słabych stron pomysłu

9. **Wymień nazwiska czterech osób, które zalicza się do grona wizjonerów realistów.**

. . . .

. . . .

. . . .

. . . .

10. Co charakteryzuje wizjonerstwo, czyli podążanie za marzeniami?
a) mrzonki, oderwanie od realiów
b) myślenie realistyczne i dalekowzroczność
c) huraoptymizm i naiwność
d) brak odpowiedzialności za swoje decyzje

11. Jak nazywała się metoda Edwarda de Bono, wykorzystywana po to, aby realnie ocenić projekt?
a) metoda kolejnych przybliżeń
b) metoda pytań szczegółowych
c) metoda sześciu kapeluszy
d) metoda szukania ewentualnych przeszkód

12. W jakich sferach życia warto stosować zasadę realizmu?
a) osobistej
b) rodzinnej
c) zawodowej
d) wszystkich trzech

Ćwiczenie 1

Wyobraź sobie, że masz możliwość zaplanowania swojej przyszłości z gwarancją na powodzenie tych zamierzeń. Jest tylko jeden warunek: przygotowanie dokładnej wizji, co chcesz robić, według planu podanego poniżej. Stwórz ją, wykorzystując zaproponowane pytania.

1. Kim chcesz być w dalszym życiu? Opisz to w kilku zdaniach.

....

....

2. Dlaczego wybrałeś taką rolę?

....

....

3. Które z umiejętności możesz wykorzystać, by urzeczywistnić własną wizję?

....

4. Czego będziesz chciał się dowiedzieć lub jakie umiejętności będziesz chciał zdobyć?

....

....

5. Kto będzie mógł Cię wesprzeć?

....

....

6. Jakie widzisz przeszkody?

....

....

7. Jakie trzy pierwsze działania będziesz chciał podjąć?

....

....

Ćwiczenie 2

Znajdź w tekście wykładu oraz w Internecie dowody na to, że wymienione niżej osoby, które zrealizowały swoje wizje, były realistami potrafiącymi rzetelnie ocenić wartość własnego marzenia.

Bracia Wright – konstruktorzy pierwszego zdolnego do latania samolotu

. . . .

. . . .

Isadore Sharp – twórca sieci innowacyjnych hoteli Four Seasons Hotels and Resorts

. . . .

. . . .

Charles Babbage – twórca nowoczesnej organizacji pracy fabryk

. . . .

Simon Stevin – konstruktor żaglowozu

Ćwiczenie 3

Jednym z najbardziej znanych realistów wizjonerów był Benjamin Franklin. Czy pamiętasz, jakie odnosił sukcesy? Postaraj się na podstawie tekstu w podręczniku lub innych źródeł wypisać ich przynajmniej siedem. Zapamiętaj tę postać.

Ćwiczenie 4

Realistą można zostać przez świadome doskonalenie obszarów odgrywają- ćwiczenie 4 cych rolę w podejmowaniu decyzji. Oceń, w jakim stopniu, w skali od 1 do 10, masz rozwinięte główne obszary wspomagające podejmowanie decyzji. Zastanów się, jak wzmocnić te, które tego wymagają.

Znajomość siebie

1	2	3	4	5	6	7	8	9	10

Wyobraźnia

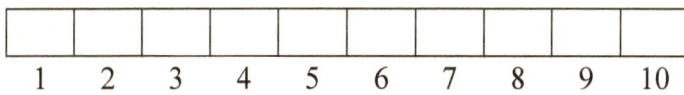

1 2 3 4 5 6 7 8 9 10

Wiedza

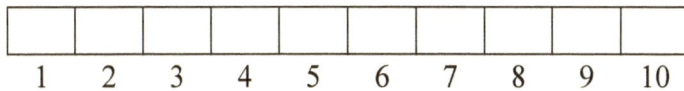

1 2 3 4 5 6 7 8 9 10

Wiara w istnienie rozwiązań

1	2	3	4	5	6	7	8	9	10

Utrwalona procedura myślenia

1	2	3	4	5	6	7	8	9	10

Ćwiczenie 5

Posługując się zasadą realizmu i łącząc przeciwieństwa, spróbuj znaleźć dobre wyjście z opisanej poniżej sytuacji. Pod tekstem zapisz pytania, które powinieneś sobie zadać, zanim podejmiesz decyzję.

Wyobraź sobie, że pracujesz na kierowniczym stanowisku. Masz pewne miejsce pracy i dobry zespół, na który możesz liczyć. Czujesz się potrzebny, ale wiesz, że właściwie nic ciekawego się tutaj nie wydarzy. Możliwości awansu się skończyły, każdy dzień jest przewidywalny. Czujesz, że powinieneś coś zmienić. Masz kilka wyjść: pozostać w dotychczasowym bezpiecznym miejscu pracy, znaleźć nową pracę o podobnym lub innym charakterze, założyć własną firmę i pracować na własny rachunek.

. . . .

. . . .

. . . .

. . . .

Ćwiczenie 6

W stosowaniu zasady realizmu przeszkadzają zbyt pospieszne reakcje związane z emocjami. I to zarówno tymi negatywnymi, jak złość czy poczucie winy, jak i pozytywnymi, jak radość czy ekscytacja. Przy podejmowaniu decyzji, zwłaszcza tych ważnych, warto nauczyć się hamowania zbytniego pośpiechu i studzenia emocji. Pomocne może być afirmowanie. Ułóż kilka afirmacji, które pomogą Ci wykorzystywać w działaniu zasadę realizmu. Formuj zdania pozytywne, w pierwszej osobie czasu teraźniejszego. Unikaj wyrazu „nie". Pamiętaj, że afirmowanie działa tylko wtedy, jeśli jest stosowane systematycznie przez dłuższy czas.

Przykład afirmacji:
Każdą decyzję podejmuję po spokojnym przeanalizowaniu jej konsekwencji.

....

....

....

Przemyślenia

Poniżej są zamieszczone fragmenty wykładu, które mogą stanowić materiał do osobistych przemyśleń. Pod każdym znajdziesz krótkie zaproszenie do dyskusji i miejsce na komentarz. Unikaj ogólników. Staraj się, by Twoja wypowiedź była jak najbardziej konkretna i konstruktywna.

Inspiracja 1

Jeśli zechcesz, możesz włączyć się w trwający od wieków postęp ludzkości. Zdobywanie niezagospodarowanych obszarów jest możliwe. Proces rozwoju i udoskonalania świata to „niekończąca się opowieść". Pamiętaj jednak, że najważniejsze odkrycia i wynalazki ludzkości nie miałyby szans realizacji bez wizjonerstwa. Czym jest wizjonerstwo? To nic innego jak dalekowzroczność i planowanie przyszłości.

Czy zgadzasz się z taką definicją wizjonerstwa? A może sądzisz, że z wizjonerstwem łączy się dalekowzroczność, owszem, lecz planowanie przyszłości już nie? Czy uważasz, że siebie mógłbyś nazwać wizjonerem w tak określonym znaczeniu? Podaj przykład stworzonej przez siebie wizji lub spróbuj zmierzyć się z przeciwnościami, które podsuwa Ci umysł na dowód, że nie możesz być wizjonerem.

Inspiracja 2

Informacja, że coś jest nierealne lub że czegoś nie da się zrobić, utrwala przekonanie o istnieniu całej masy przeszkód nie do przejścia. Jak taki negatywny przekaz wpływa na nasze postępowanie? Gdy staniemy przed wyzwaniem, w ciągu kilku sekund nasz umysł na bazie tego szkodliwego nawyku myślowego sformułuje ocenę: „To niemożliwe". I marzenie, pomysł, propozycja wylądują w koszu.

Czy przypominasz sobie podobne sytuacje z własnego życia? Czy zrezygnowałeś kiedykolwiek z własnych planów, bo ktoś stwierdził, że są niemożliwe do zrealizowania? A może sam sobie tak powiedziałeś? Czy w tej chwili postąpiłbyś inaczej?

. . . .

. . . .

. . . .

. . . .

Inspiracja 3

Warto wypracować w swoim umyśle takie procedury myślenia, które pozwolą patrzeć na cele i zadania bez emocjonalnego zaangażowania, a wyłącznie przez pryzmat korzyści i szans. To nie znaczy, że mamy działać bez emocji. Nauczmy się jednak nad nimi panować, by nie zaciemniały one realnej oceny rzeczywistości, w chwili gdy podejmujemy ważne decyzje.

Czy potrafisz zapanować nad emocjami? Zwłaszcza tymi negatywnymi, jak złość, agresja, zazdrość, zawiść czy poczucie winy? Czy zdarzyło Ci się podejmować decyzje pod ich wpływem? Jakie były konsekwencje tych postanowień? Czy na nich zyskałeś, czy straciłeś? Czy uważasz, że warto opracować procedurę, która mogłaby Cię ochronić przed pochopnymi decyzjami?

. . . .

. . . .

. . . .

Inspiracja 4

Duży wpływ na rozwój optymistycznego realizmu ma wyobraźnia. To dzięki niej powstają marzenia nadające kształt celom. Dzięki niej także możemy wizualizować przyszłość i zobaczyć siebie w roli zwycięzcy. To sprawdzian wartości celu. Wyobrażając sobie własne odczucia, możemy odpowiedzieć na pytania: „Czy to odczucie jest warte wysiłku?", „Czy chcę podjąć ten trud?".

Czy doceniasz rolę wyobraźni we wszystkich sferach życia? Wielu ludzi korzysta z niej w sferze prywatnej, na przykład planując urlop, niewielu jednak obejmuje wyobraźnią całe swoje aktywne życie. Czy uważasz, że wyobraźnia przydaje się w sferze zawodowej? Czy potrafisz wykorzystać szerokie możliwości, jakie daje? A może już to robisz? Jeśli nie, zastanów się, czy nie warto zacząć.

. . . .

. . . .

Inspiracja 5

Decyzja o wyborze kierunku kształcenia może zaważyć na jakości całego życia. Najgorsze, co można zrobić w tej sytuacji, to ulec namowom innych. Świadczą o tym historie życia młodych ludzi, którzy kierunek studiów wybrali pod wpływem rodziców. Często się to zdarza, bo w wielu rodzinach i środowiskach panuje pewnego rodzaju presja na dziedziczenie profesji.

W jaki sposób Ty wybrałeś swój zawód? Czy odczuwałeś jakąkolwiek presję ze strony najbliższego otoczenia? Czym się kierowałeś? Czy przed wyborem zawodu stworzyłeś wizję własnej przyszłości? Czy zamierzasz to zrobić, jeśli ten wybór stoi jeszcze przed Tobą? A może na bazie doświadczenia i dzisiejszej wiedzy zaplanujesz zmianę profesji?

. . . .

. . . .

. . . .

Inspiracja 6

Zasada realizmu to nic innego, jak szukanie sposobu na spełnianie marzeń. Opiera się ona na kilku kolejnych krokach. Po pierwsze: mieć marzenie. Po drugie: wyznaczyć cel i nie bać się mu sprostać. Po trzecie: ocenić swoje szanse, analizując fakty, zagrożenia oraz mocne i słabe strony. Po czwarte: zaprojektować kolejne etapy działania. Po piąte: pokonywać trudności, lęki, złe emocje i nie zrażać się.

Co musisz zrobić, by móc w pełni korzystać z zasady realizmu? Czy bierzesz pod uwagę każdy z tych punktów, by osiągnąć satysfakcję w życiu? A może dostrzegasz, że nad którymś z nich musisz popracować szczególnie mocno?

. . . .

. . . .

. . . .

. . . .

Rozwiązanie quizu ze s. 83
1. d – potrafiącego właściwie ocenić możliwość realizacji zamierzeń
2. realizm pesymistyczny, realizm „bujający w obłokach", realizm optymistyczny, czyli optymalny
3. c – nieustanna wiara w osiągnięcie celu i zdawanie sobie sprawy z możliwych trudności
4. c – realnie zdał sobie sprawę, że człowiek jest zbyt słaby, by utrzymać się w powietrzu
5. a – przeprowadzenie pierwszej udanej próby lotu samolotem
6. d – antropologiem, archeologiem, entomologiem i biologiem
7. b – może wykształcić negatywne nawyki myślowe
8. a – na łączeniu koncepcji pozornie przeciwstawnych
9. Na przykład: Leonardo da Vinci, bracia Wright, Albert Einstein, Charles Babbage, Henry Ford, Simon Stevin, Benjamin Franklin.
10. b – myślenie realistyczne i dalekowzroczność
11. c – metoda sześciu kapeluszy
12. d – wszystkich trzech

Notatki

Notatki

Notatki

Słowniczek

emocja
Krótkotrwały stan psychiczny powstający gwałtownie pod wpływem silnego bodźca, np. gniew, strach, radość, wzruszenie, trema, smutek, panika, obawa.

impulsy motywujące
Ludzie, książki, programy, które wzmacniają nasze decyzje i pozwalają nam utrzymywać stan motywacji na poziomie umożliwiającym stawianie kolejnych kroków na drodze rozwoju.

inspiracja
Sugerowanie działania, sugestia, zachęta, wpływ wywierany na kogoś.

intuicja
Poznanie wewnętrzne, pozarozumowe, przeczucie. Przejawia się nagłym olśnieniem, przebłyskiem, w którym poznaje się rozwiązanie, prawdę.

konsekwencja
Logiczna ciągłość w działaniu, wytrwałość w dążeniu do wytyczonego celu.

kreatywność
Pomysłowość, zdolność tworzenia, realizowania oryginalnych pomysłów. Przejawia się w różnych aspektach życia.

lęk (strach)
Uczucie obawy przed czymś, które nie musi się wiązać z jakimś konkretnym ryzykiem, ale towarzyszy niemal każdej zmianie. Powinien być utrzymywany na właściwym poziomie (zbyt wysoki paraliżuje działanie, zbyt niski nie chroni przed niebezpieczeństwem i niepotrzebną brawurą).

marzenie
Powstający w wyobraźni ciąg obrazów i myśli odzwierciedlających pragnienia, często nawet najbardziej niedosiężne, ale mające zawsze choćby jeden element realizmu, na bazie którego można wyznaczyć cel.

nawyk
Zautomatyzowana czynność, wyuczona przez powtarzanie. Może być szkodliwy lub pomocny człowiekowi.

nawyk myślowy
Utrwalona reakcja na problem ukształtowana w procesie wychowania.

neurolingwistyczne programowanie
W skrócie NLP; kontrowersyjna metoda nauczania skutecznej komunikacji i pracy z wyobrażeniami, nastawiona na tworzenie i modyfikowanie sposobów myślenia i postrzegania rzeczywistości.

obiektywizm
Tu: ocenianie świata (wydarzeń, zachowań i wartości) z różnych punktów widzenia i z jak najmniejszym udziałem emocji.

odwaga
Wypowiadanie się i postępowanie zgodnie z własnymi przekonaniami, nawet jeśli to jest niebezpieczne, trudne lub niewygodne. Pozwala na podejmowanie niepopularnych działań.

optymizm
Skłonność do dostrzegania jasnych punktów każdego przedsięwzięcia i dobrych stron życia, wiara w ostatecznie pomyślny bieg wydarzeń i realizację celów.

pesymizm
Skłonność do dostrzegania wad każdego przedsięwzięcia i ciemnych stron życia, brak wiary w ostatecznie pomyślny bieg wydarzeń i realizację celów.

podświadomość
Część psychiki, której istnienia człowiek często nie dostrzega. Jest odpowiedzialna za większość zdarzeń w naszym życiu.

potencjał
Tu: znajdujący się w każdym człowieku ładunek mocy i możliwości twórczych.

poznanie siebie
Przyjrzenie się własnym myślom, odczuciom i pragnieniom bez cenzurowania ich oraz uświadomienie sobie, co tak naprawdę myślimy, jak

przeżywamy kolejne doświadczenia, o czym marzymy.

pozytywne myślenie
Świadome zauważanie pozytywnych aspektów każdej sytuacji, dostrzeganie w ludziach i zdarzeniach dobrych stron.

predyspozycje
Wrodzona skłonność lub zdolność do czegoś.

realista
Człowiek, który podąża za marzeniami, dąży do osiągnięcia nakreślonych celów, a równocześnie liczy się z faktami.

realizm
Postawa życiowa polegająca na trzeźwej, bezstronnej ocenie rzeczywistości, na wielostronnym oświetleniu celu, problemu bądź wyzwania, przyjrzeniu się mu z różnych punktów widzenia, żeby móc podejmować decyzje odważnie i świadomie.

realizmu zasada
Metoda postępowania zmierzająca do realizacji marzenia. Opiera się na kilku kolejnych krokach: 1) mieć marzenie, 2) wyznaczyć cel i nie bać się mu sprostać, 3) ocenić swoje szanse, analizując fakty, zagrożenia oraz mocne i słabe strony, 4) zaprojektować kolejne etapy działania, 5) pokonywać trudności, lęki, złe emocje i nie zrażać się.

realność
Możność urzeczywistniania czegoś. Postęp we wszystkich dziedzinach nauki dokonuje się dzięki nieustannemu przesuwaniu granic realności, czyli konsekwentnemu dążeniu człowieka do przekraczania swoich możliwości.

sfery życia
Wyróżniamy trzy sfery: osobistą (wszystko, poza pracą zawodową i życiem rodzinnym; przede wszystkim duchowość, a także działalność społeczna, zainteresowania i pasje), rodzinną (relacje z małżonkiem i dziećmi oraz rodzicami, rodzeństwem i dalszymi krewnymi) i zawodową (to, co skupia się wokół naszej pracy i zarobkowania).

sześciu kapeluszy metoda
Metoda wynaleziona przez Edwarda de Bono, pozwalająca spojrzeć na problem z różnych stron. Zespół dzieli się na sześć grup i każdej przydziela po jednym „kapeluszu" w innym kolorze. Kolor oznacza sposób, w jaki grupa ma się przyjrzeć problemowi (biały – podawanie faktów, czerwony – opieranie się na intuicji i przypuszczeniach, czarny – wskazywanie zagrożeń, żółty – koncentracja na pozytywnych stronach, zielony – formułowanie nowych rozwiązań, niebieski – podsumowanie dyskusji).

talent
Zdolność, możliwość wykonywania czegoś w stopniu doskonałym.

wizjonerstwo
Dalekowzroczność i planowanie przyszłości.

wizualizacja
Dokładne wyobrażenie sobie danej sytuacji z zakończeniem w wersji optymistycznej.

wychowanie
Świadome oddziaływanie na człowieka w celu uczenia go odpowiednich zachowań.

wyobraźnia
Umiejętność stwarzania w myślach rozmaitych obrazów.

wytrwałość
Konsekwentne dążenie do celu połączone z determinacją w pokonywaniu przeszkód.

zaangażowanie
Działanie z wykorzystaniem całej pełni swoich możliwości.

żaglowóz
Pojazd żaglowy wykorzystujący siłę wiatru, ale poruszający się po ziemi. Wynaleziony przez Simona Stevina. Przez krótki czas był używany w transporcie publicznym.

Źródła i inspiracje

Albright M., Carr C., *Największe błędy menedżerów*, Warszawa 1997.
Allen B.D., Allen W.D., *Formuła 2+2. Skuteczny coaching*, Warszawa 2006.
Anderson Ch., *Za darmo: przyszłość najbardziej radykalnej z cen*, Kraków 2011.
Anthony R., *Pełna wiara w siebie*, Warszawa 2005.
Ariely D., *Zalety irracjonalności. Korzyści z postępowania wbrew logice w domu i pracy*, Wrocław 2010.
Bates W.H., *Naturalne leczenie wzroku bez okularów*, Katowice 2011.
Bettger F., *Jak umiejętnie sprzedawać i zwielokrotnić dochody*, Warszawa 1995.
Blanchard K., Johnson S., *Jednominutowy menedżer*, Konstancin-Jeziorna 1995.
Blanchard K., O'Connor M., *Zarządzanie poprzez wartości*, Warszawa 1998.
Bogacka A.W., *Zdrowie na talerzu*, Białystok 2008.
Bollier D., *Mierzyć wyżej. Historie 25 firm, które osiągnęły sukces, łącząc skuteczne*

zarządzanie z realizacją misji społecznych, Warszawa 1999.

Bond W.J., *199 sytuacji, w których tracimy czas, i jak ich uniknąć*, Gdańsk 1995.

Bono E. de, *Dziecko w szkole kreatywnego myślenia*, Gliwice 2010.

Bono E. de, *Sześć kapeluszy myślowych*, Gliwice 2007.

Bono E. de, *Sześć ram myślowych*, Gliwice 2009.

Bono E. de, *Wodna logika. Wypłyń na szerokie wody kreatywności*, Gliwice 2011.

Bossidy L., Charan R., *Realizacja. Zasady wprowadzania planów w życie*, Warszawa 2003.

Branden N., *Sześć filarów poczucia własnej wartości*, Łódź 2010.

Branson R., *Zaryzykuj – zrób to! Lekcje życia*, Warszawa-Wesoła 2012.

Brothers J., Eagan E, *Pamięć doskonała w 10 dni*, Warszawa 2000.

Buckingham M., *To jedno, co powinieneś wiedzieć... o świetnym zarządzaniu, wybitnym przywództwie i trwałym sukcesie osobistym*, Warszawa 2006.

Buckingham M., *Wykorzystaj swoje silne strony. Użyj dźwigni swojego talentu*, Warszawa 2010.

Buckingham M., Clifton D.O., *Teraz odkryj swoje silne strony*, Warszawa 2003.

Butler E., Pirie M., *Jak podwyższyć swój iloraz inteligencji?*, Gdańsk 1995.

Buzan T., *Mapy myśli*, Łódź 2008.

Buzan T., *Pamięć na zawołanie*, Łódź 1999.

Buzan T., *Podręcznik szybkiego czytania*, Łódź 2003.

Buzan T., *Potęga umysłu. Jak zyskać sprawność fizyczną i umysłową: związek umysłu i ciała*, Warszawa 2003.

Buzan T., Dottino T., Israel R., *Zwykli ludzie – liderzy. Jak maksymalnie wykorzystać kreatywność pracowników*, Warszawa 2008.

Carnegie D., *I ty możesz być liderem*, Warszawa 1995.

Carnegie D., *Jak przestać się martwić i zacząć żyć*, Warszawa 2011.

Carnegie D., *Jak zdobyć przyjaciół i zjednać sobie ludzi*, Warszawa 2011.

Carnegie D., *Po szczeblach słowa. Jak stać się doskonałym mówcą i rozmówcą*, Warszawa 2009.

Carnegie D., Crom M., Crom J.O., *Szkoła biznesu. O pozyskiwaniu klientów na zawsze*, Warszawa 2003.

Cialdini R., *Wywieranie wpływu na ludzi*, Gdańsk 1998.

Clegg B., *Przyspieszony kurs rozwoju osobistego*, Warszawa 2002.

Cofer C.N., Appley M.H., *Motywacja: teoria i badania*, Warszawa 1972.

Cohen H., *Wszystko możesz wynegocjować. Jak osiągnąć to, co chcesz*, Warszawa 1997.

Covey S.R., *3. rozwiązanie*, Poznań 2012.

Covey S.R., *7 nawyków skutecznego działania*, Poznań 2007.

Covey S.R., *8. nawyk*, Poznań 2006.

Covey S.R., Merrill A.R., Merrill R.R., *Najpierw rzeczy najważniejsze*, Warszawa 2007.

Craig M., *50 najlepszych (i najgorszych) interesów w historii biznesu*, Warszawa 2002.

Csikszentmihalyi M., *Przepływ: psychologia optymalnego doświadczenia*, Wrocław 2005.

Davis R.C., Lindsmith B., *Ludzie renesansu: umysły, które ukształtowały erę nowożytną*, Poznań 2012.

Davis R.D., Braun E.M., *Dar dysleksji. Dlaczego niektórzy zdolni ludzie nie umieją czytać i jak mogą się nauczyć*, Poznań 2001.

Dearlove D., *Biznes w stylu Richarda Bransona. 10 tajemnic twórcy megamarki*, Gdańsk 2009.

DeVos D., *Podstawy wolności. Wartości decydujące o sukcesie jednostek i społeczeństw*, Konstancin-Jeziorna 1998.

DeVos R.M., Conn Ch.P., *Uwierz! Credo człowieka czynu, współzałożyciela Amway Corporation, hołdującego zasadom, które uczyniły Amerykę wielką*, Warszawa 1994.

Dixit A.K., Nalebuff B.J., *Myślenie strategiczne. Jak zapewnić sobie przewagę w biznesie, polityce i życiu prywatnym*, Gliwice 2009.

Dixit A.K., Nalebuff B.J., *Sztuka strategii. Teoria gier w biznesie i życiu prywatnym*, Warszawa 2009.

Dobson J., *Jak budować poczucie wartości w swoim dziecku*, Lublin 1993.

Doskonalenie strategii (seria Harvard Bussines Review), praca zbiorowa, Gliwice 2006.

Dryden G., Vos J., *Rewolucja w uczeniu*, Poznań 2000.

Dyer W.W., *Kieruj swoim życiem*, Warszawa 2012.

Dyer W.W., *Pokochaj siebie*, Warszawa 2008.

Edelman R.C., Hiltabiddle T.R., Manz Ch.C., *Syndrom miłego człowieka*, Gliwice 2010.

Eichelberger W., Forthomme P., Nail F., *Quest. Twoja droga do sukcesu. Nie ma prostych recept na sukces, ale są recepty skuteczne*, Warszawa 2008.

Enkelmann N.B., *Biznes i motywacja*, Łódź 1997.

Eysenck H. i M., *Podpatrywanie umysłu. Dlaczego ludzie zachowują się tak, jak się zachowują?*, Gdańsk 1996.

Ferriss T., *4-godzinny tydzień pracy. Nie bądź płatnym niewolnikiem od 7.00 do 17.00*, Warszawa 2009.

Flexner J.T., *Waschington. Człowiek niezastąpiony*, Warszawa 1990.

Forward S., Frazier D., *Szantaż emocjonalny: jak obronić się przed manipulacją i wykorzystaniem*, Gdańsk 2011.

Frankl V.E., *Człowiek w poszukiwaniu sensu*, Warszawa 2009.

Fraser J.F., *Jak Ameryka pracuje*, Przemyśl 1910.

Freud Z., *Wstęp do psychoanalizy*, Warszawa 1994.

Fromm E., *Mieć czy być*, Poznań 2009.

Fromm E., *Niech się stanie człowiek. Z psychologii etyki*, Warszawa 2005.

Fromm E., *O sztuce miłości*, Poznań 2002.

Fromm E., *O sztuce słuchania. Terapeutyczne aspekty psychoanalizy*, Warszawa 2002.

Fromm E., *Serce człowieka. Jego niezwykła zdolność do dobra i zła*, Warszawa 2000.

Fromm E., *Ucieczka od wolności*, Warszawa 2001.

Fromm E., *Zerwać okowy iluzji*, Poznań 2000.

Galloway D., *Sztuka samodyscypliny*, Warszawa 1997.

Gardner H., *Inteligencje wielorakie – teoria w praktyce*, Poznań 2002.

Gawande A., *Potęga checklisty: jak opanować chaos i zyskać swobodę w działaniu*, Kraków 2012.

Gelb M.J., *Leonardo da Vinci odkodowany*, Poznań 2005.

Gelb M.J., Miller Caldicott S., *Myśleć jak Edison*, Poznań 2010.

Gelb M.J., *Myśleć jak geniusz*, Poznań 2004.

Gelb M.J., *Myśleć jak Leonardo da Vinci*, Poznań 2001.

Giblin L., *Umiejętność postępowania z innymi...*, Kraków 1993.

Girard J., Casemore R., *Pokonać drogę na szczyt*, Warszawa 1996.

Glass L., *Toksyczni ludzie*, Poznań 1998.

Godlewska M., *Jak pokonałam raka*, Białystok 2011.

Godwin M., *Kim jestem? 101 dróg do odkrycia siebie*, Warszawa 2001.

Goleman D., *Inteligencja emocjonalna*, Poznań 2002.

Gordon T., *Wychowywanie bez porażek szefów, liderów, przywódców*, Warszawa 1996.

Gorman T., *Droga do skutecznych działań. Motywacja*, Gliwice 2009.

Gorman T., *Droga do wzrostu zysków. Innowacja*, Gliwice 2009.

Greenberg H., Sweeney P., *Jak odnieść sukces i rozwinąć swój potencjał*, Warszawa 2007.

Habeler P., Steinbach K., *Celem jest szczyt*, Warszawa 2011.

Hamel G., Prahalad C.K., *Przewaga konkurencyjna jutra*, Warszawa 1999.

Hamlin S., *Jak mówić, żeby nas słuchali*, Poznań 2008.

Hill N., *Klucze do sukcesu*, Warszawa 1998.

Hill N., *Magiczna drabina do sukcesu*, Warszawa 2007.

Hill N., *Myśl!... i bogać się. Podręcznik człowieka interesu*, Warszawa 2012.

Hill N., *Początek wielkiej kariery*, Gliwice 2009.

Ingram D.B., Parks J.A., *Etyka dla żółtodziobów, czyli wszystko, co powinieneś wiedzieć o...*, Poznań 2003.

Jagiełło J., Zuziak W. [red.], *Człowiek wobec wartości*, Kraków 2006.

James W., *Pragmatyzm*, Warszawa 2009.

Jamruszkiewicz J., *Kurs szybkiego czytania*, Chorzów 2002.

Johnson S., *Tak czy nie. Jak podejmować dobre decyzje*, Konstancin-Jeziorna 1995.

Jones Ch., *Życie jest fascynujące*, Konstancin-Jeziorna 1993.

Kanter R.M., *Wiara w siebie. Jak zaczynają się i kończą dobre i złe passy*, Warszawa 2006.

Keller H., *Historia mojego życia*, Warszawa 1978.

Kirschner J., *Zwycięstwo bez walki. Strategie przeciw agresji*, Gliwice 2008.

Koch R., *Zasada 80/20. Lepsze efekty mniejszym nakładem sił i środków*, Konstancin-Jeziorna 1998.

Kopmeyer M.R., *Praktyczne metody osiągania sukcesu*, Warszawa 1994.

Ksenofont, *Cyrus Wielki. Sztuka zwyciężania*, Warszawa 2008.

Kuba A., Hausman J., *Dzieje samochodu*, Warszawa 1973.

Kumaniecki K., *Historia kultury starożytnej Grecji i Rzymu*, Warszawa 1964.

Lamont G., *Jak podnieść pewność siebie*, Łódź 2008.

Leigh A., Maynard M., *Lider doskonały*, Poznań 1999.

Littauer F., *Osobowość plus*, Warszawa 2007.

Loreau D., *Sztuka prostoty*, Warszawa 2009.

Lott L., Intner R., Mendenhall B., *Autoterapia dla każdego. Spróbuj w osiem tygodni zmienić swoje życie*, Warszawa 2006.

Maige Ch., Muller J.-L., *Walka z czasem. Atut strategiczny przedsiębiorstwa*, Warszawa 1995.

Mansfield P., *Jak być asertywnym*, Poznań 1994.

Martin R., *Niepokorny umysł. Poznaj klucz do myślenia zintegrowanego*, Gliwice 2009.

Maslow A., *Motywacja i osobowość*, Warszawa 2009.

Matusewicz Cz., *Wprowadzenie do psychologii*, Warszawa 2011.

Maxwell J.C., *21 cech skutecznego lidera*, Warszawa 2012.

Maxwell J.C., *Tworzyć liderów, czyli jak wprowadzać innych na drogę sukcesu*, Konstancin-Jeziorna 1997.

Maxwell J.C., *Wszyscy się komunikują, niewielu potrafi się porozumieć*, Warszawa 2011.

McCormack M.H., *O zarządzaniu*, Warszawa 1998.

McElroy K., *Jak inwestować w nieruchomości. Znajdź ukryte zyski, których większość inwestorów nie dostrzega*, Osielsko 2008.

McGee P., *Pewność siebie. Jak mała zmiana może zrobić wielką różnicę*, Gliwice 2011.

McGrath H., Edwards H., *Trudne osobowości. Jak radzić sobie ze szkodliwymi zachowaniami innych oraz własnymi*, Poznań 2010.

Mellody P., Miller A.W., Miller J.K., *Toksyczna miłość i jak się z niej wyzwolić*, Warszawa 2013.

Melody B., *Koniec współuzależnienia*, Poznań 2002.

Miller M., *Style myślenia*, Poznań 2000.

Mingotaud F., *Sprawny kierownik. Techniki osiągania sukcesów*, Warszawa 1994.

MJ DeMarco, *Fastlane milionera*, Katowice 2012.

Morgenstern J., *Jak być doskonale zorganizowanym*, Warszawa 2000.

Nay W.R., *Związek bez gniewu. Jak przerwać błędne koło kłótni, dąsów i cichych dni*, Warszawa 2011.

Nierenberg G.I., *Ekspert. Czy nim jesteś?*, Warszawa 2001.

Ogger G., *Geniusze i spekulanci, Jak rodził się kapitalizm*, Warszawa 1993.

Osho, *Księga zrozumienia. Własna droga do wolności*, Warszawa 2009.

Parkinson C.N., *Prawo pani Parkinson*, Warszawa 1970.

Peale N.V., *Entuzjazm zmienia wszystko. Jak stać się zwycięzcą*, Warszawa 1996.

Peale N.V., *Możesz, jeśli myślisz, że możesz*, Warszawa 2005.

Peale N.V., *Rozbudź w sobie twórczy potencjał*, Warszawa 1997.

Peale N.V., *Uwierz i zwyciężaj. Jak zaufać swoim myślom i poczuć pewność siebie*, Warszawa 1999.

Pietrasiński Z., *Psychologia sprawnego myślenia*, Warszawa 1959.

Pilikowski J., *Podróż w świat etyki*, Kraków 2010.

Pink D.H., *Drive*, Warszawa 2011.

Pirożyński M., *Kształcenie charakteru*, Poznań 1999.

Pismo Święte Starego i Nowego Testamentu. Biblia Tysiąclecia, Warszawa 2002.

Pismo Święte w Przekładzie Nowego Świata, 1997.

Popielski K., *Psychologia egzystencji. Wartości w życiu*, Lublin 2009.

Poznaj swoją osobowość, Bielsko-Biała 1996.

Przemieniecki J., *Psychologia jednostki. Odkoduj szyfr do swego umysłu*, Warszawa 2008.

Pszczołowski T., *Umiejętność przekonywania i dyskusji*, Gdańsk 1998.

Reiman T., *Potęga perswazyjnej komunikacji*, Gliwice 2011.

Robbins A., *Nasza moc bez granic. Skuteczna metoda osiągania życiowych sukcesów za pomocą NLP*, Konstancin-Jeziorna 2009.

Robbins A., *Obudź w sobie olbrzyma... i miej wpływ na całe swoje życie – od zaraz*, Poznań 2002.

Robbins A., *Olbrzymie kroki*, Warszawa 2001.

Robert M., *Nowe myślenie strategiczne: czyste i proste*, Warszawa 2006.

Robinson J.W., *Imperium wolności. Historia Amway Corporation*, Warszawa 1997.

Rose C., Nicholl M.J., *Ucz się szybciej, na miarę XXI wieku*, Warszawa 2003.

Rose N., *Winston Churchill. Życie pod prąd*, Warszawa 1996.

Rychter W., *Dzieje samochodu*, Warszawa 1962.

Ryżak Z., *Zarządzanie energią kluczem do sukcesu*, Warszawa 2008.

Savater F., *Etyka dla syna*, Warszawa 1996.

Schäfer B., *Droga do finansowej wolności. Pierwszy milion w ciągu siedmiu lat*, Warszawa 2011.

Schäfer B., *Zasady zwycięzców*, Warszawa 2007.

Scherman J.R., *Jak skończyć z odwlekaniem i działać skutecznie*, Warszawa 1995.

Schuller R.H., *Ciężkie czasy przemijają, bądź silny i przetrwaj je*, Warszawa 1996.

Schwalbe B., Schwalbe H., Zander E., *Rozwijanie osobowości. Jak zostać sprzedawcą doskonałym*, tom 2, Warszawa 1994.

Schwartz D.J., *Magia myślenia kategoriami sukcesu*, Konstancin-Jeziorna 1994.

Schwartz D.J., *Magia myślenia na wielką skalę. Jak zaprząc duszę i umysł do wielkich osiągnięć*, Warszawa 2008.

Scott S.K., *Notatnik milionera. Jak zwykli ludzie mogą osiągać niezwykłe sukcesy*, Warszawa 1997.

Sedlak K. [red.], *Jak poszukiwać i zjednywać najlepszych pracowników*, Kraków 1995.

Seiwert L.J., *Jak organizować czas*, Warszawa 1998.

Seligman M.E.P., *Co możesz zmienić, a czego nie możesz*, Poznań 1995.

Seligman M.E.P., *Pełnia życia*, Poznań 2011.

Seneka, *Myśli*, Kraków 1989.

Sewell C., Brown P.B., *Klient na całe życie, czyli jak przypadkowego klienta zmienić w wiernego entuzjastę naszych usług*, Warszawa 1992.

Słownik pisarzy antycznych, Warszawa 1982.

Smith A., *Umysł*, Warszawa 1989.

Spector R., *Amazon.com. Historia przedsiębiorstwa, które stworzyło nowy model biznesu*, Warszawa 2000.

Spence G., *Jak skutecznie przekonywać... wszędzie i każdego dnia*, Poznań 2001.

Sprenger R.K., *Zaufanie # 1*, Warszawa 2011.

Staff L., *Michał Anioł*, Warszawa 1990.

Stone D.C., *Podążaj za swymi marzeniami*, Konstancin-Jeziorna 1998.

Swiet J., *Kolumb*, Warszawa 1979.

Szurawski M., *Pamięć. Trening interaktywny*, Łódź 2004.

Szyszkowska M., *W poszukiwaniu sensu życia*, Warszawa 1997.

Tatarkiewicz W., *O szczęściu*, Warszawa 1979.

Tavris C., Aronson E., *Błądzą wszyscy (ale nie ja)*, Sopot–Warszawa 2008.

Tracy B., *Milionerzy z wyboru. 21 tajemnic sukcesu*, Warszawa 2002.

Tracy B., *Plan lotu. Prawdziwy sekret sukcesu*, Warszawa 2008.

Tracy B., Scheelen F.M. *Osobowość lidera*, Warszawa 2001.

Tracy B., *Sztuka zatrudniania najlepszych. 21 praktycznych i sprawdzonych technik do wykorzystania od zaraz*, Warszawa 2006.

Tracy B., *Turbostrategia. 21 skutecznych sposobów na przekształcenie firmy i szybkie zwiększenie zysków*, Warszawa 2004.

Tracy B., *Zarabiaj więcej i awansuj szybciej. 21 sposobów na przyspieszenie kariery*, Warszawa 2007.

Tracy B., *Zarządzanie czasem*, Warszawa 2008.

Tracy B., *Zjedz tę żabę. 21 metod podnoszenia wydajności w pracy i zwalczania skłonności do zwlekania*, Warszawa 2005.

Twentier J.D., *Sztuka chwalenia ludzi*, Warszawa 1998.

Urban H., *Moc pozytywnych słów*, Warszawa 2012.

Ury W., *Odchodząc od nie. Negocjowanie od konfrontacji do kooperacji*, Warszawa 2000.

Vitale J., *Klucz do sekretu. Przyciągnij do siebie wszystko, czego pragniesz*, Gliwice 2009.

Waitley D., *Być najlepszym*, Warszawa 1998.

Waitley D., *Imperium umysłu*, Konstancin–Jeziorna 1997.

Waitley D., *Podwójne zwycięstwo*, Warszawa 1996.

Waitley D., *Sukces zależy od właściwego momentu*, Warszawa 1997.

Waitley D., Tucker R.B., *Gra o sukces. Jak zwyciężać w twórczej rywalizacji*, Warszawa 1996.

Walton S., Huey J., *Sam Walton. Made in America*, Warszawa 1994.

Waterhouse J., Minors D., Waterhouse M., *Twój zegar biologiczny. Jak żyć z nim w zgodzie*, Warszawa 1993.

Wegscheider-Cruse S., *Poczucie własnej wartości. Jak pokochać siebie*, Gdańsk 2007.

Wilson P., *Idealna równowaga. Jak znaleźć czas i sposób na pełnię życia*, Warszawa 2010.

Ziglar Z., *Do zobaczenia na szczycie*, Warszawa 1995.

Ziglar Z., *Droga na szczyt*, Konstancin–Jeziorna 1995.

Ziglar Z., *Ponad szczytem*, Warszawa 1995.

INNE KSIĄŻKI WYDAWCY

Wersje audio i e-book dostępne u naszych partnerów.
Audiobook – Audioteka i Storytel
E-book – Empik i Nexto

INNE KSIĄŻKI WYDAWCY

Wersje audio i e-book dostępne u naszych partnerów.
Audiobook – Audioteka i Storytel
E-book – Empik i Nexto

INNE KSIĄŻKI WYDAWCY

Wersje audio i e-book dostępne u naszych partnerów.
Audiobook – Audioteka i Storytel
E-book – Empik i Nexto

www.ingramcontent.com/pod-product-compliance
Lightning Source LLC
LaVergne TN
LVHW040101080526
838202LV00045B/3733